Werde dein eigener Therapeut

Wie ich meine Ängste, Sorgen und Panik selbst behandelt habe

Marius Großhans

2. Auflage 2020

© 2020 Marius Großhans

Lektorat: Michelle Haufe

Coverdesign: Feliz Pavel

Druck: Independently published Amazon

ISBN Print: 979-8685326331

Vorwort

Es gibt Psychologen, die anderen Menschen
dabei helfen, ihre Ängste und Panik loszuwerden.
Es gibt Patienten, die es schaffen, diese selbst
loszuwerden. Und es gibt Menschen wie mich, die
als Psychologen ihre Ängste und Panikattacken
selbst therapiert haben.

Getrieben von der Neugier, welche Methoden
wirklich funktionieren würden, war ich mein
eigener Patient. Im Gegensatz zum Umgang mit
Patienten behandelte ich mich allerdings eher wie
ein Versuchskaninchen. Ich gab mich nicht damit
einverstanden, Jahre meines Lebens zu
verpassen, indem ich mit halber Energie an die
Sache ranging. Was ich wollte, war eine schnelle,
effektive und anhaltende Lösung, und zwar nicht
aus der Intention eines Panikpatienten heraus, die
Panikattacken schnell wieder loszuwerden (was
die Sache zugegebenermaßen wegen des leicht
unangenehmen Gefühls einer Panikattacke nicht
gerade einfacher machte). Vielmehr wollte ich aus
der Neugierde eines Psychologen heraus
Methoden finden, die mich wirklich zum Ziel führen
würden.

Denn schließlich, das war letztendlich meine
Aufgabe, rezipierte ich das Wissen anderer

Menschen, die ihr Wissen ebenfalls von anderen Menschen erhielten, und gab es weiter. Ich hatte vorher nie Berührungspunkte mit ihren Problemen, und das war auch nie meine Aufgabe gewesen, schließlich muss ein Arzt seinen Blinddarm auch nicht zuerst selbst entfernen, bevor er es bei anderen tun darf.

Gleichzeitig wusste ich, dass eine Panikattacke und meine Ängste niemals wirklich das Problem waren, sondern lediglich die Scheinwerfer, die auf das Problem zeigten. Ich hatte also mehr als genug zu tun. Ich durfte nicht nur die aktuellsten Methoden der Angstbewältigung auf die Probe stellen, sondern auch alles andere: existenzielle Krisen, östliche Lehren wie den Buddhismus, europäische Lehren wie den Stoizismus, Philosophie und alle möglichen Bereiche der Psychologie, mit denen ich jemals Kontakt gehabt hatte.

Hier hatte ich nun also die Möglichkeit, das Monster mit dem Namen „Panik" direkt anzugehen, und zwar im Test an mir selbst. Ich setzte mein Wissen quasi auf 0, denn ich wollte wie ein Anfänger an die Sache herangehen. Das fiel mir relativ leicht, da mein Verstand ohnehin zwischenzeitlich ausgesetzt hatte. Ich bestand praktisch nur noch aus Fleisch und Panik und

Wut, die wiederum Panik auslöste – also bestand ich praktisch aus nichts als Panik.

Ich war nicht mal mehr in der Lage, in den Supermarkt zu fahren, ohne eine ausgewachsene Panikattacke (inklusive Zwischenstopp) zu erleiden. Meine Zunge war bereits betäubt von der Magensäure, die das starke Sodbrennen nach oben getrieben hatte. Ich blieb 5 Tage pausenlos wach, da ich Panik hatte, im Schlaf zu ersticken. Ich spuckte fast jedes Essen wieder aus, in der Sorge, ich könnte plötzlich eine Allergie entwickelt haben (nach dem Konsum von Erdnussbutter fuhr ich in die Notfallzentrale). Mein Kreislauf war so stark destrukturiert, dass ich manchmal stundenlang die Augen schließen musste, da ich ansonsten im wahrsten Sinne des Wortes verrückt geworden wäre.

Erst, nachdem ich in einer nahegelegenen, psychiatrischen Klinik mit Antidepressiva und Beruhigungstabletten ruhiggestellt wurde, konnte ich wieder klar denken und mich an die Arbeit machen.

Ich schlief zwei Tage am Stück. Als ich aufwachte, war mein Energielevel wieder auf einem für meine bevorstehende Aufgabe ausreichenden Niveau.

Drei Tage später, als die nächste Panikattacke
aufkam, traf ich die Entscheidung, dass dies
meine letzte Panikattacke gewesen sein würde.

Und es war meine Letzte.

Wie dieses Buch entstand

Dieses Buch beinhaltet Erfahrungen und Erkenntnisse, die ich im Verlauf der letzten 7 Jahre im Zusammenhang mit Panikattacken, Angststörungen und existenziellen Krisen gemacht bzw. erlangt habe. Manchmal scheinen die Methoden keinen direkten Bezug zu haben, doch ich empfand sie als notwendig (im Nachhinein sogar als elementar), weshalb ich sie in diesem Buch erwähne.

Der erste Teil jedes Punktes wird durch eine Frage eingeleitet, die ich mir selbst oder die meine Klienten mir in den letzten Jahren gestellt haben. Jede Frage bezieht sich auf Panik, du kannst das Wort allerdings auch durch "Angst" oder "Sorgen" austauschen, an der Antwort ändert das nichts. Es folgt ein Dialog, der den Kern der Antwort näherbringen soll. Da sich viele Dialoge ähneln, habe ich sie zu den wichtigsten Kernfragen zusammengefasst. Diese Kernfragen spiegeln gleichzeitig die Erfahrungen wider, die mir im Rahmen meiner Arbeit am wichtigsten waren und die dazu beigetragen haben, dass meine Panik und Ängste bald nur noch eine Erinnerung waren.

Den Dialogen schließt sich jeweils eine Erläuterung meinerseits an. Das Wissen über

Panikattacken und deren Entstehung steht häufig im Mittelpunkt, um ihnen ihren Schrecken zu nehmen. Dies erfordert etwas Hintergrund, den ich außerhalb des Dialogschemas aufzeigen möchte.

Das, was ich in diesem Buch schildere, war ausreichend, um meine eigenen Attacken und Ängste und auch die anderer Menschen bewältigen zu können. Ich bin sogar über das Ziel hinausgeschossen und habe nicht nur meine Panikattacken bewältigt, sondern auch alle anderen Fragen, die mich beschäftigten und wahrscheinlich jemals beschäftigen werden. Demzufolge erlaube ich es mir, die hier dargelegten Methoden als richtig und wahr zu erachten.

Wenn es bei dir ebenfalls funktioniert, ist das keine Überraschung.

Verliere niemals die Hoffnung.

Hoffnung hält dich wach, lebendig, neugierig und am Leben.

In freudiger Hoffnung,

Marius.

Frankfurt, Deutschland, 11.August 2019

"Wieso entsteht eine Panikattacke?"

A: "Auf der körperlichen oder auf der psychischen Ebene?"

F: "Auf der körperlichen Ebene."

A: "Deine Psyche verwendet Energie, um dein Verhalten zu lenken. Du hast wenig Einfluss darauf, was du tust. Wie fühlt sich eine Panikattacke für dich an?"

F: "So, als ob ich auf der Autobahn stehen würde, mit dem Blick auf einen LKW, der auf mich zufährt."

A: "Panik ist das Gefühl, das entsteht, wenn deine Psyche dich dazu zwingen möchte, dich zu bewegen. In deinem Fall weg von der Autobahn, raus aus der gefährlichen Schneise des LKWs. Schnell weg hier, du bist in Gefahr. Das ist ein normaler psychischer Reflex."

F: "Meine Panik will mir also etwas sagen?"

A: "Genau. Doch du hörst ihr nicht zu. Sie will dir etwas mitteilen, doch du ignorierst sie. Dafür verwendet sie dein vegetatives Nervensystem. Das sitzt in deiner Wirbelsäule und verbindet dein Gehirn mit deinen Organen und Muskeln."

F: "Also eine Art Autobahn der Kommunikation?"

A: "Korrekt. Es sorgt dafür, dass deine Psyche mit deinem Körper kommunizieren kann. Dafür fährt dein vegetatives Nervensystem auf der Autobahn der Entspannung und auf der Autobahn der Anspannung ..."

F: "Die Autobahn der Anspannung ist sicherlich meine Panik?"

A: "Genau, die Panik fährt auf dieser Autobahn. Bei einer Panikattacke ist die Autobahn der Anspannung sehr voll, und die Autobahn der Entspannung dementsprechend komplett leer. Es können nicht beide Autobahnen gleichzeitig gefüllt sein, denn du kannst schließlich nicht entspannt und gleichzeitig angespannt sein. Bei einer Panikattacke bist du extrem angespannt, da dein Gehirn deinem Körper vermittelt, dass du in Gefahr bist."

F: "Es fühlt sich absolut real an. Ich glaube wirklich, dass ich in Gefahr wäre. Aber ich bin es nicht, oder?"

A: Jein. Du bist nicht in realer Gefahr, aber in gefühlter Gefahr. Darüber reden wir später noch ausführlicher."

Ich kann mich gut daran erinnern, dass die 6 Monate, in denen ich immer wieder Panikattacken erlitt, wie ein Film an mir vorbeizogen. Mein Leben schien irgendwie außer Kontrolle geraten zu sein. Ich studierte, ich arbeitete, ich trieb, so gut es ging, Sport. Ich nahm Nahrung zu mir. All das, was ein Mensch eben so tut, um am Leben zu bleiben. Doch ich tat es nicht aus einem höheren Sinn heraus. Ich stellte mir keine wichtigen Fragen wie: "Wer will ich eigentlich sein?" oder: "Wo will ich eigentlich hin?" Ich hatte dazu schlichtweg keine Energie. Ich war müde. Müde von den Panikattacken, müde von den immer gegenwärtigen Ängsten, und müde von dem, was ich tat, obwohl ich es hasste.

Panikattacken treten im Zusammenhang mit Lebensbereichen auf, in denen es für uns nur noch bergab geht. Nichts scheint mehr zu funktionieren. Das entspricht natürlich nie der tatsächlichen Realität, sondern lediglich unserer gefühlten Realität. Die Realität da draußen ist kalt, sie kümmert sich nicht. Was ich damals als Realität wahrnahm, war eine Mischung aus Abgrund und Verzweiflung. Kein klarer Gedanke war mehr möglich, schließlich setzt sich die Panik über das Denken. Panik bedeutet Gefahr. Denken, echtes Leben, existenzielles Denken, nicht Zerdenken, sondern strukturiertes, planendes

Denken, kann nicht in Gefahr stattfinden. Niemand versinkt in Familienplanung, während das Haus um ihn herum brennt. Erst einmal raus aus dem Haus, Flammen löschen, retten, was zu retten ist, und dann alles neu und vielleicht etwas stabiler aufbauen.

Bei einer Panikattacke sorgt das vegetative Nervensystem dafür, dass dein Gehirn die Informationen der Anspannung an den Körper weitergibt. Dafür verwendet es das sympathische Nervensystem (Anspannung) und das parasympathische Nervensystem (Entspannung).

Im Gehirn sind die meisten Areale für die Aussendung von Informationen zuständig, insbesondere die Amygdala (das Angstzentrum), aber auch der Hirnstamm (das Reptiliengehirn). Diese beiden Areale gehören zu den ersten Bauteilen unseres Gehirns und sind somit "stärker" als alle anderen Teile. Aus diesem Grunde kannst du beispielsweise, wenn dein Reptiliengehirn anschlägt, nicht in Ruhe ein Buch lesen. Oder eben eine Familie planen, wenn das Haus brennt.

Gleichzeitig verstärken sich deine körperliche Seite und deine psychische Seite gegenseitig, denn sie sind über das vegetative Nervensystem miteinander verbunden. Wenn deine Psyche unter

Spannung steht, dann ist auch dein Körper angespannt. Ist dein Körper angespannt, ist auch deine Psyche angespannt. Wenn das Haus brennt, brennt oft auch der Acker, und umgekehrt, also raus da.

Wenn wir also damit beginnen, unseren Körper zu entspannen, erreichen wir automatisch eine erste Entspannung unserer Psyche. Auf dieser ersten Entspannung können wir aufbauen. Wir verlassen das brennende Haus, haben zwar gefühlt alles verloren, aber geben uns dadurch überhaupt erst einen Raum, um etwas Neues zu erschaffen.

"Wie kann ich meinen Körper effektiv entspannen?"

A: "Es gibt sehr effektive Methoden, (einige davon sind akut), die du sofort ausführen kannst, und langfristige Methoden, die du wiederholt ausführen solltest."

F: "Manchmal, wenn ich eine Panikattacke habe, hätte ich gerne ein schnelles Mittel zur Entspannung. Würde das helfen?"

A: "Ja, denn: Wenn sich dein Körper entspannt, dann entspannt sich auch deine Psyche. Das ist eine wichtige Grundlage, denn wir benötigen später deinen Verstand, um mit deiner Panik detaillierter arbeiten zu können. Du kannst allerdings kein Buch verstehen, wenn du gerade glaubst, auf einer Autobahn zu stehen."

F: "Das macht Sinn. Welche akuten Methoden gibt es?"

A: "Einige. Dazu aber gleich mehr. Was, glaubst du, ist besonders wichtig, wenn du Panik hast? Worauf fokussierst du dich während der Panik?"

F: "Nur auf die Panik, auf die Angst."

A: "Genau. Du wirst dazu gezwungen, dich auf die Panik zu fokussieren, du kannst gar nicht anders. Wir wollen deinen Fokus nun sanft weglenken. Panik ist zum größten Teil eine Schleife nach unten. Ein negativer Gedanke folgt auf den nächsten negativen Gedanken, und ehe du dich versiehst, bist du müde, schwach und voller Angst. Das kommt dir sicherlich bekannt vor."

F: "Ja. Wenn ich genauer drüber nachdenke, wird die Panik immer schlimmer, je länger ich sie habe."

A: "Absolut. Deshalb wollen wir üben, den Fokus umzulenken, sobald du spürst, dass die Panikattacke aufkommt. Dazu verwenden wir das, was du immer bei dir hast: deine Sinne."

F: "Sehen, hören, schmecken, riechen, fühlen."

A: "Genau. Was siehst du gerade? Zähle es in Gedanken auf. Fokussiere dich auf alles, was sich in deinem Blickfeld befindet. Könntest du etwas vergessen haben? Hast du diesen Tisch schon gesehen? Hast du deine Hände einbezogen? Fahre erst dann mit dem nächsten Sinn fort, wenn du einen Sinn komplett "abgearbeitet" hast. Das ist eine wundervolle Methode, um deinen Fokus gewaltfrei von der Panik wegzulenken und auf etwas zu richten, das nichts mit deinen Ängsten zu tun hat."

Keine Methode der Welt wird funktionieren, wenn du ihr nicht den entsprechenden Raum gibst. Panik fordert Raum ein, deine Ängste fordern Raum ein, deine Sorgen fordern Raum ein, die Verpflichtungen und Versprechen, die du anderen gibst, fordern Raum ein.

Hand aufs Herz, ehrliche Antwort: Wo ist dein Raum? Wie oft nimmst du dir Zeit für dich? Wann bist du an der Reihe?

Mir wurde damals vor allem eins bewusst: **Jetzt bin ich dran.** Ich habe weitaus mehr Zeit und Raum an andere verschenkt, weitaus mehr Energien geopfert, als mir hierfür eigentlich zur Verfügung standen. Sich diesen Raum aufs Neue zu erkämpfen, erfolgt schrittweise, also beginne damit an diesem Wochenende! Der erste Ratschlag, den ich Panikpatienten seit Jahren gebe, ist der, den ich mir selbst gegeben habe:

Nimm dir an einem Tag des Wochenendes 4 Stunden frei. Nur für dich alleine. Dein Handy bleibt zu Hause, Menschen bleiben zu Hause. Nimm nur dich mit, und meinetwegen auch deine Panik. Gehe in den Wald, denn dort können deine Gedanken, im Gegensatz zu weiten Feldern, nicht abschweifen. Die begrenzte Sichtweite stoppt das Gedankenkarussell.

Dein Kopf wird dir eine Vielzahl an Ausreden liefern, warum du es nicht tun solltest: "Das Wetter! Es ist so unangenehm draußen! Nächstes Wochenende gehe ich aber wirklich!" oder "Puh, laufen! Meine Beine tun doch sowieso schon weh!" oder "Alleine im Wald! Was, wenn mich ein Reh angreift?!" Wir alle wissen: Du wirst es nicht tun. Du wirst nicht in den Wald gehen. Du wirst weiterhin deiner Panik Raum geben, und du wirst weiterhin das Opfer deiner Gedanken sein.

Ich möchte dich bitten, entweder den Menschen, die dich lieben, oder mir den Gefallen zu erweisen, es trotzdem zu tun, denn ansonsten weiß ich nicht, ob dir der Rest des Buches helfen kann. Wir werden tiefer gehen, wir werden deine dunklen Keller betreten und wir werden deinen klaren Verstand benötigen. Wir werden dein Weltbild auf den Kopf stellen, dich mindestens 10x durchschütteln und all den Mist aus dir rauskullern lassen, den du fälschlicherweise verinnerlicht hast. Dazu benötigen wir jedoch genügend Raum – Raum, den wir nicht einnehmen können, wenn deine Panik ihn für sich beansprucht.

Nimm dir diese 4 Stunden nur für dich. Wenn das aktuell die einzigen 4 Stunden sind, die du für dich in Anspruch nimmst, dann ist das in Ordnung. Folgende Methoden eignen sich dazu, dir deinen Raum wieder ein wenig zurückzuholen:

Fokusmethode

Konzentriere dich darauf, was du gerade siehst, riechst, schmeckst, fühlst und hörst, und zähle es gedanklich oder laut auf. Arbeite jeden Sinn nacheinander ab. Vergewissere dich jedes Mal, dass du wirklich nichts vergessen hast.

4-8-2-Methode

Atme 4 Sekunden ein, halte deinen Atem für 8 Sekunden und atme dann 2 Sekunden aus. Wiederhole diese Übung drei- bis sechsmal. Falls dir schwindelig werden sollte, breche die Übung ab.

10er-Methode

Zähle gedanklich von 1-10, so, als ob du deinen Atem zählen würdest. Gib deinem Atem beim Einatmen das Etikett 1 und beim Ausatmen das Etikett 2. Beim nächsten Einatmen die 3 und beim Ausatmen die 4 usw. Beginne wieder bei 1, wenn du bei 10 angekommen bist oder wenn dein Fokus von deinem Atem abschweift. Du kannst diese Methode mehrere Minuten oder sogar Stunden lang ausführen, solange du dich wohl dabei fühlst.

Energiemethode

Fokussiere dich auch hier auf deinen Atem. Beim Einatmen denke "Energie rein" und stelle dir vor, eine angenehme Energie würde in den Teil deines Körpers fließen, der sich gerade unangenehm oder verspannt anfühlt. Denke beim Ausatmen "Energie raus" und stelle dir vor, dass das unangenehme Gefühl oder die Verspannung aus deinem Körper herausgetragen wird. Im Optimalfall führst du diese Übung in einer ruhigen Umgebung durch, in der du dich wohlfühlst.

"Was haben Gedanken mit Panik zu tun?"

A: "Mehr, als manche Menschen glauben. Das Problem ist, dass viele Menschen von ihren Gedanken so abgespalten sind, dass sie sie nicht wahrnehmen. Wenn du beispielsweise denkst "Oh nein, jetzt geht meine Panik los", dann wird die Panik schlimmer. Doch hast du den Gedanken erkannt?"

F: "Nein, ich denke nicht."

A: "Er kam unbewusst. Wenn du etwas nicht bewusst denkst, übernimmt dein Gehirn die Arbeit für dich. Wenn du den LKW auf der Autobahn siehst, der auf dich zufährt, denkst du "Oh nein, ich werde gleich sterben", und darauf folgt die Panik. Auf die Panik folgt dein Verhalten, nämlich, schleunigst wegzurennen und die Situation zu verlassen."

F: "Das kommt mir sehr bekannt vor. Wenn ich im Bett sitze und Panik aufkommt, dann will ich einfach nur wegrennen. Dieses innere Gefühl, dass da eine Gefahr ist."

A: "Genau. Deine Gedanken haben deine Panik ausgelöst, um dich in die Handlung zu bringen."

F: "Das heißt, wenn ich meine Gedanken ändern
würde, dann würde auch meine Panik nicht
ausgelöst werden?"

A: "Das schauen wir uns später genauer an.
Zunächst möchte ich, dass du erkennst, wie deine
Gedanken sich direkt auf deine Emotionen und
somit auch auf dein Verhalten auswirken.
Versuche Folgendes: Denke dir jetzt einmal, und
vertraue mir, dass du jetzt Panik und Angst
bekommst. Stelle dir vor, du wärst jetzt genau dort
auf dieser Autobahn. Denke den Gedanken
einfach nur. Du wirst dich definitiv ein wenig
unwohl fühlen. Was sagt dir das?"

F: "Dass meine Gedanken Panik auslösen?"

A: "Sie sind mitverantwortlich für die Panik, ja.
Schließe einmal deine Augen und denke an einen
schönen Ort, an dem du jetzt gerne wärst. Nimm
diesen Ort mit deinen Sinnen auf, beschreibe in
Gedanken, was du siehst. Wenn du zum Beispiel
an einem Strand bist, beschreibe den Ort etwa so:
"Ich sehe einen wunderschönen Strand, das blaue
Meer, ein paar Vögel über dem Meer, mit weißen,
schönen Federn. Ich spüre den Sand unter
meinen Füßen, er ist warm und angenehm."
Beschreibe in Gedanken die Situation, in der du
dich wohlfühlst, so, als ob du dir sie selbst
beschreiben müsstest, um sie erleben zu können.

Beobachte, wie du dich dabei fühlst. Spiele ein wenig mit angenehmen und unangenehmen Gedanken herum."

F: "Warum?"

A: "Aus zweierlei Gründen: Erstens wird dir bewusst, wie Gedanken (sowohl dein Unwohlsein als auch dein Wohlbefinden) dich beeinflussen, ohne dass du es spürst. Zweitens wird dir bewusst, wie du durch bewusste Gedanken dein Wohlbefinden steigern kannst, indem dir bewusst wird, wie du dein Unwohlsein steigern kannst. Deine bewussten Gedanken werden später ein wichtiges Werkzeug für deinen Umgang mit deiner Panik und deinen Ängsten werden."

Gedanken sind Energie, die mithilfe von Neuronen durch das Gehirn verteilt werden. Diese Energie bestimmt, wie sich dein Gehirn formt. Da die meisten Gedanken unbewusst sind (das bedeutet, dass du sie nicht bewusst wahrnimmst), verhältst und fühlst du dich immer wieder gleich. Panik und Angst sind ein Automatismus, der durch deine unbewussten Gedanken immer wieder aufs Neue ausgelöst werden.

Deine Gedanken bewusst zu verwenden, um dein Unwohlsein zu lindern, wird dir vermutlich zunächst einmal schwerfallen. Was wir lediglich tun, ist, deine Gedanken allmählich durch "panikfreundliche" Gedanken zu ersetzen. Diese Gedanken sind eine Alternative, die du nicht bewusst denken wirst. Wir werden sie so lange wiederholen, bis sie ebenfalls zu einem Automatismus werden.

Vorher werden wir weiterhin ein wenig mit den bewussten Gedanken spielen und Automatismen brechen, die in dir Unwohlsein auslösen. Jedes Unwohlsein ist ein Baustein im erfolgreichen Umgang mit deiner Panik.

"Panik löst eine Art Kontrollverlust in mir aus. Wie kann ich das ändern?"

A: "Panik verursacht ein Gefühl der Hilflosigkeit. Du glaubst, der Situation ausgeliefert zu sein. Denke daran, was wir gesagt haben: Bei Panik glaubt dein Gehirn tatsächlich, dass du dich in Gefahr befindest. Es fühlt sich für dich wie eine reale Gefahr an. In einer Gefahr fühlen wir uns allerdings nur dann hilflos, wenn wir nichts tun. Was tust du eigentlich bei einer Gefahr?"

F: "Wenn ich auf dieser Autobahn stehe und der LKW rast auf mich zu, dann renne ich zum Beispiel weg."

A: "Genau. Du würdest nicht auf die Idee kommen, einen Kampf mit dem LKW auf dich zu nehmen, oder?"

F: "Nein, eher nicht."

A: "Dein Gehirn zwingt dich in weniger als einer Sekunde zu einer Reaktion. Es vergleicht diese Situation mit anderen Situationen und entscheidet dann zwischen Kampf oder Flucht. Vor dem LKW flüchtest du. Wann kämpfst du?"

F: "Bei einer Spinne beispielsweise."

A: "Ja, diesen Kampf wirst du vermutlich gewinnen. Wann kämpfst du noch?"

F: "Hm. Bei der Panik?"

A: "Wogegen kämpfst du bei einer Panik?"

F: "Ich denke, gegen die Panik selbst?!"

A: "Ja, das ist verständlich. Eine Panikattacke ist ein sehr unangenehmes Gefühl, wahrscheinlich unangenehmer als die Spinne, doch du wirst den Kampf gegen die Panik nicht gewinnen. Oder hast du ihn bisher schon einmal gewinnen können?"

F: "Nein, ich war eher weniger erfolgreich."

A: "Und genau daher rührt das Gefühl des Kontrollverlustes. Du kannst der Panik nicht entfliehen, und aus dem Kampf geht ein klarer Gewinner hervor: die Panik. Die Gefahr bleibt. Wie fühlst du dich dabei?"

F: "So, als ob es keinen Ausweg geben würde."

A: "Okay. Dieses Gefühl wird stärker, je mehr du deinem Leben die Kontrolle übergibst. Wir werden ein paar kleine, unscheinbare Verhaltensweisen ändern, sodass du spürst, dass du die Kontrolle darüber hast, was du tust."

F: "Und das überträgt sich dann auf die Panik?"

A: "Indirekt. Du wirst spüren, dass du über mehr Dinge die Kontrolle hast, als du es im Moment vielleicht ahnst. Panik nimmt sehr viel Platz ein und raubt dir die Kontrolle über Situationen, die für andere Menschen normal sind (einkaufen gehen, Auto fahren, Freunde treffen, arbeiten usw.). Das werden wir uns allmählich wieder zurückholen."

F: "Wie ein stiller Kampf also."

A: "Ja, genau. Wir werden deine Panik mit auf den Weg nehmen und ihr zeigen, dass wir keine Angst vor ihr haben, sondern ihr lediglich eine Alternative aufzeigen wollen."

"Warum werde ich meine Panikattacken nicht los?"

A: "Wir haben zu Beginn über Kampf oder Flucht gesprochen. Erinnerst du dich?"

F: "Ja. In Gefahrsituationen entscheidet mein Gehirn zwischen Kampf oder Flucht."

A: "Genau. Wofür entscheidet sich dein Gehirn, wenn du Panik hast?"

F: "Ich vermute, für einen Kampf. Ich will die Panik loswerden, denn sie ist ja unangenehm."

A: "Verständlich. Doch das wird nicht funktionieren."

F: "Wieso nicht?"

A: "Weil die Gefahr sich nicht außerhalb von dir befindet. Sie ist kein LKW, der auf dich zufährt."

F: "Sondern?"

A: "Es gibt keine Gefahr. Dein System ist lediglich so sehr überladen, dass dein Gehirn mit Panik reagiert, um einen Verhaltenswechsel zu erzwingen."

F: "Das verstehe ich nicht. Die Gefahr fühlt sich real an. Wie kann ich also nicht in Gefahr sein?"

A: "Du kannst vor deiner Panik nicht flüchten, sie wird bleiben. Wenn du sie bekämpfen willst, wird sie stärker. Das ist so, als ob du vor einem kleinen Hundewelpen wegrennen würdest, der mit dir spielen möchte. Was tust du dann?"

F: "Ich nehme ihn in den Arm und knuddle ihn."

A: "Panik will zwei Dinge von dir: Erstens, dass du sie erkennst, wahrnimmst und beachtest. Erst dann wird sie still. Sie wird dich so lange jagen, bis du stehen bleibst und ihr in die Augen schaust. Zweitens will sie, dass du dein Verhalten in die Richtung änderst, die deine Psyche einschlagen möchte. Wir beginnen mit Punkt Eins."

F: "Wie soll das funktionieren? Ich will meine Panik nicht annehmen. Ich hasse sie."

A: "Du wirst den Kampf immer wieder verlieren, so, wie du ihn auch bisher immer verloren hast. Die Panik wird dich niemals in Ruhe lassen, wenn du sie nicht annimmst und akzeptierst. Du musst es nicht ernst meinen, aber der Grund, warum du deine Panikattacken nicht loswirst, ist, weil du deine Panikattacken loswerden willst."

Panikattacken sind ein Wegweiser dafür, was in deinem Leben schiefläuft bzw. bereits lange Zeit schiefgelaufen ist. Vielleicht ist es der Job, den du jeden Tag mit Bauchschmerzen ausführst, vielleicht ist es dein Studium, von dem du weißt, dass es eigentlich nicht das Richtige für dich ist. Vielleicht ist es die Beziehung, die du eigentlich schon lange beenden willst.

Panik entsteht, wenn du etwas tust, wovon du eigentlich weißt, dass du es nicht tun solltest. Die Gefahr liegt in dem, was du tust, in deinem täglichen, unbewussten Verhalten. Die Panik will diese Gefahr loswerden. Wenn du dich aus einer realen, gefährlichen Situation (wie dem LKW auf der Autobahn) entfernst, geht die Angst, und du hast mit deinem Verhalten genau das getan, was die Angst von dir wollte.

Panik ist Angst x 100. Panik ist nicht die Angst vor der Spinne, sondern die Angst, dass dieses Leben, das du nicht genießt, niemals enden wird. Die Panik will, dass du dieses Leben änderst. Sie will, dass du diese Situation verlässt und dass du das tust, womit du dich wohlfühlst.

Bevor wir uns diesen Schritten zuwenden, müssen wir der Panik allerdings zunächst mitteilen, dass wir sie gehört haben. Wir haben sie gesehen. Wenn sie uns bisher immer wieder verfolgt hat, bleiben wir jetzt stehen und lassen sie in uns hineinrennen. Wir lassen uns nicht mehr verfolgen, und wir werden auch nicht mehr versuchen zu kämpfen. Wir bleiben stehen und lassen dieses Gefühl da sein. Es wird uns nicht umbringen, auch wenn es sich so anfühlt.

Mache die erste kleine, aber wichtige Erfahrung mit deiner Panik. Wenn du spürst, dass sie aufkommt, gehe in die Methoden mit dem Atem oder den Sinnen über, die wir bereits angesprochen haben. Baue immer wieder einen bewussten Gedanken wie die Folgenden ein und beobachte, was geschieht, und notiere es. Nimm besonders bewusst wahr, wenn deine Gedanken dazu führen, dass deine Panik oder Angst schwächer wird:

"Das ist in Ordnung. Du darfst da sein."

"Es ist okay. Ich sehe dich."

"Hallo Panik. Du darfst sein."

"Ich nehme dich an, ich akzeptiere dich."

Vertraue darauf, dass deine bewusste Akzeptanz langfristig dazu beitragen wird, dass deine Panik ihre Aufgabe (dich auf etwas hinzuweisen, was in deinem Leben falsch läuft) als erfüllt betrachtet.

"Wie beeinflusst mich eine negative Einstellung gegenüber Emotionen?"

A: "Wie würdest du den folgenden Satz vervollständigen: ‚Die Welt ist voller …'"

F: "Idioten."

A: "Diese Antwort geben die meisten. Ist das eine Wahrheit oder lediglich eine Einstellung?"

F: "Hm. Vermutlich ist es nicht wahr, aber es fühlt sich wahr an."

A: "Das ist der Unterschied zwischen einer Wahrheit und einer Einstellung. Das, was du über die Dinge glaubst, ist eine Einstellung, und diese Einstellung beeinflusst deine Sicht auf die Welt. So, wie du die Welt siehst, so verhältst du dich in ihr."

F: "Meine Einstellung gegenüber Emotionen ist sehr negativ. Ich habe oft gehört, dass ich mich nicht so anstellen soll, dass ich keine Angst haben soll usw."

A: "Vielen Kindern wird diese Einstellung vermittelt. Als Kinder hielten wir all das für wahr, was unsere Eltern gesagt haben. Wir waren von ihnen abhängig, also mussten wir ihnen glauben.

Denn wir waren noch nicht ausgewachsen genug, um uns unser eigenes Weltbild zu schaffen. Eine Einstellung wird somit zu einer Wahrheit, ein ungeschriebenes Gesetz, mit dem du durch die Welt gehst."

F: "Wie löse ich diese Einstellungen auf?"

A: "Indem du dich davon überzeugst, dass es auch alternative Wahrheiten gibt. Deine Eltern waren nicht allwissend, sie haben dir lediglich ihre Einstellungen vermittelt, also das, was sie für wahr hielten. Du darfst das infrage stellen, denn du bist ein erwachsener, selbstständiger Mensch."

F: "Die Einstellung ‚Emotionen sind schlecht' beeinflusst mich sehr. Jedes Mal, wenn ich Angst habe, habe ich das Gefühl, dass ich das eigentlich jetzt nicht haben dürfte."

A: "Was passiert dann?"

F: "Ich versuche, dagegen anzukämpfen."

A: "Erfolgreich?"

F: "Nein. Es wird eher schlimmer."

A: "Stelle deine Einstellungen auf den Prüfstand. Sie sind ein wenig versteckt, aber du erkennst sie in deinem Verhalten. Wenn du gegen deine Panik und Ängste ankämpfst, weil du glaubst, dass Emotionen schlecht sind, frage dich: ‚Woher kann ich wissen, dass Emotionen schlecht sind? Woher weiß ich, dass dieser Gedanke wahr ist?‘ Also: Wie kannst du wissen, dass ein Gedanke wahr ist?"

F: "Gar nicht. Es ist ja nur ein Gedanke."

A: "Indem du deine Einstellungen dem Wahrheitscheck unterziehst, wirst du spüren, dass du lediglich einer falschen Wahrheit aufgesessen bist, und das wiederum nimmt deinen Einstellungen den Einfluss, den sie auf dich haben. Je weniger du dich mit deinen Einstellungen gegen das auflehnst, was du nicht ändern kannst, wie beispielsweise Panik, desto schwächer werden sie, bis sie irgendwann verschwinden."

Es gibt einige Dinge im Leben, die wir nicht beeinflussen können. Menschen sagen und tun Dinge, die wir nicht beeinflussen können. Wir müssen Schicksalsschläge überstehen und uns mit den täglichen Herausforderungen unseres Lebens auseinandersetzen. Es ist kein Wunder, dass die meisten Mensch mit alledem überfordert sind.

Doch der Fokus auf die Dinge, die wir nicht beeinflussen können, ist sehr einseitig. Ebenso wie bei den Übungen, bei denen du deinen Fokus auf etwas anderes gelenkt hast, kannst du auch hier deinen Fokus neu ausrichten.

Beachte die Dinge, die außerhalb deines Einflussbereichs liegen, einmal nicht. Schließlich kennst du sie bereits in- und auswendig.

Schreibe stattdessen mindestens 40 Dinge auf, die du aktiv beeinflussen kannst. Du kannst dir dafür gerne ein paar Tage Zeit nehmen.

Mache dir bewusst, dass es viele Dinge innerhalb deines Kontrollbereichs liegen, zum Beispiel:

- der Umgang mit deinen Emotionen ("Wenn ich sie ablehne, werden sie stärker. Wenn ich sie annehme, werden sie schwächer.")
- dein aktives Mini-Verhalten im Alltag ("Wenn ich einen anderen Weg gehe oder fahre, spüre ich, dass ich sehr wohl die Kontrolle in meinem Leben habe.")
- die Art und Weise, wie du auf die Dinge reagierst ("Wenn jemand etwas zu mir sagt, habe ich die Wahl, ob und wie ich darauf reagiere.")

Was liegt alles in deiner Kontrolle?

"Wie schaffe ich es, Panik auszuhalten?"

A: "Arbeiten wir noch einmal mit dem Gefühl, die Kontrolle über die Situation zu verlieren. Wie fühlt sich das für dich an?"

F: "So, als ob ich in einem reißenden Fluss mitgerissen werden würde."

A: "Okay, sehr treffend. Die meisten Menschen ertrinken in einem Fluss oder dem Meer nicht aus dem Grund, weil sie untergehen. Wusstest du das?"

F: "Nein. Wieso denn sonst?"

A: "Weil sie Panik bekommen. Ihr natürlicher Impuls, gegen etwas anzukämpfen, gegen das sie nicht gewinnen können, führt dazu, dass sie Energie verlieren, Wasser schlucken und ertrinken. Sie kämpfen gegen den Fluss an, doch der Fluss interessiert sich nicht für den Kampf. Er fließt einfach. Er hat nie die Absicht, gegen dich zu gewinnen, doch du willst natürlich nicht ertrinken, also kämpfst du."

F: "Ich habe versucht, meine Panik zu akzeptieren, indem ich ihr sage, dass sie sein darf, obwohl ich es eigentlich nicht so gemeint habe. Ist es das, was du mit dem Fluss gemeint hast?"

A: "Genau. Wenn wir akzeptieren, dass wir von dem Fluss gerade getragen werden und dass es keinen Kampf gibt, den wir gewinnen können, sparen wir Energie, lassen uns tragen und fassen irgendwann einen Ast, um uns aus dem Fluss zu befreien. Der Fluss ist die Panik, die Angst, gegen die du nicht gewinnen kannst. Der Ast ist die Veränderung deines Verhaltens, um dich aus deiner unangenehmen Lebenslage zu befreien. Versuche nicht, gegen den Fluss oder deine Panik anzukämpfen. Akzeptiere ihre Macht, auch wenn es dir so vorkommt, als würdest du sterben. Du wirst nicht sterben. Am Rande des Flusses liegt dein Leben – vielleicht ein neues Leben, vielleicht wurdest du schon so lange getragen, dass du dein altes Leben nie wieder so leben wirst, wie es einmal war. Doch das ist in Ordnung. Manchmal müssen wir alte Zelte abbrechen, uns in den Fluss stürzen, ein wenig zappeln, uns wieder beruhigen, die Strömungen akzeptieren, um an einen Ast zu schnappen und an einem neuen Ufer ein neues, besseres Leben aufzubauen, mit der wichtigen Erfahrung, dass Strömungen und scheinbar lebensgefährliche Situationen uns nicht umbringen. Es ist keine Stärke, gegen etwas anzukämpfen, wogegen du sowieso nicht gewinnen kannst. Stärke bedeutet vielmehr, dem in die Augen zu blicken, es zu akzeptieren, es auszuhalten und dann nicht mehr so weiterzumachen wie zuvor."

„Was hat Lügen mit der Entstehung von Panik zu tun?"

A: „Wie fühlst du dich, wenn du lügst?"

F: „Meistens schäme ich mich. Ich würde es gerne rückgängig machen. Dann lüge ich aber noch mehr, um nicht aufzufliegen, und hasse mich selbst dafür, dass ich gelogen habe. Dann hasse ich den anderen dafür, weil ich ihn dafür verantwortlich mache, dass ich mich jetzt in dieser Lage befinde."

A: „Das ist eine missliche Lage. Das Problem besteht nicht unbedingt darin, dass du gelogen hast, sondern darin, dass du dich dabei beobachtet hast, wie du gelogen hast."

F: „Jetzt bin ich verwirrt."

A: „Wenn du etwas tust, nimmst du gleichzeitig wahr, dass du etwas tust. Wenn du mit mir redest, hörst du dir selbst dabei zu. Wenn du lügst, hörst du dir selbst dabei zu. Du weißt, dass du lügst, während du lügst. Du beobachtest dich dabei, dass du etwas tust, von dem du weißt, dass es nicht in Ordnung ist. Natürlich schämst du dich dafür und fühlst dich wertlos, denn du hast schließlich live erlebt, was du getan hast. Soldaten sind nicht deshalb traumatisiert, weil sie jemanden erschossen haben. Sie sind traumatisiert, weil sie sich selbst dabei beobachtet haben, wie sie jemanden erschossen haben."

F: „Wo liegt der Unterschied?"

A: „Etwas Böses zu tun und sich dabei zu beobachten, wie man etwas Böses tut, ist eine Konfrontation mit dem Bösen in sich selbst. Die kalte, böse Fratze, der in den Tiefen des eigenen Selbst vergrabene Anteil taucht auf, und wir blicken ihm direkt in die Augen. Die wenigsten Menschen kommen aus diesem Augenblick unbeschadet heraus."

F: „Das bedeutet?"

A: „Anstatt diese bösen Anteile einfach nur wahrzunehmen und zu akzeptieren, identifizierst du dich mit ihnen. Irgendwann halten wir uns selbst für einen absolut abstoßenden Menschen, und mit so einem Menschen wollen wir eigentlich nichts zu tun haben. Die Panik ist die Anweisung dazu, sich von diesem Menschen, der wir nun sind, zu distanzieren. Da dies nicht möglich ist, besteht die einzige Möglichkeit darin, sich selbst zu verändern. Ein großer Beitrag zu dieser Veränderung ist es, nicht mehr zu lügen, um sich selbst zu einem Menschen zu machen, mit dem man es ertragen kann."

Die Wahrheit ist schmerzhaft, und deshalb vermeiden wir sie. Wir bauen uns selbst und den Menschen um uns herum mit unseren Lügen eine Welt zusammen, um dem Schmerz der Wahrheit aus dem Weg zu gehen. Doch wir beobachten uns nicht nur bei diesen Lügen. Die Wahrheiten drängen sich auch in jedem Moment auf.

Immer dann, wenn etwas nicht so läuft, wie du es gerne hättest, hast du diese Situation selbst erschaffen. Nicht, weil du etwas getan hast, sondern eher, weil du vermieden hast, was du hättest tun sollen.

Wenn du wütend bist, dass sich jemand nicht so verhält, wie du es gerne hättest, und die Situation sich auflöst, leidest du am Ekel vor dir selbst. Du gibst der anderen Person zwar die Schuld für ihr Fehlverhalten, doch in Wahrheit hasst du dich selbst dafür, nicht gesagt zu haben, was dir wortwörtlich „auf der Zunge lag". Was im Raum steht, muss gesagt werden, und zwar nicht, um anderen Menschen einen Gefallen zu tun, sondern deshalb, damit du nicht mehr unter dem Schmerz leidest, der dich zerfrisst, weil du nichts gesagt hast.

Versteckte Lügen, die dein Leben zerstören:

- Du bist jemand, von dem du glaubst, andere würden ihn ablehnen, und vermeidest deshalb Dinge, damit andere die Person nicht sehen, die du in Wahrheit bist.

- Du sprichst nicht aus, was deine Einstellungen sind, deine sexuelle Orientierung, deine extrem unangenehme Meinung, und lebst diese auch nicht aus.

- Du sagst jemandem nicht, dass du dich ungerecht behandelt fühlst, zeigst ihm Grenzen auf, lässt dich nicht mehr unterdrücken.

Es kann passieren, dass du in Panik gerätst, wenn du dich mit diesen Wahrheiten konfrontierst. Doch sie verschwinden wieder, sobald sich der Anfangsschmerz, der völlig natürlich ist, gelegt hat und der aufdringlichen Wahrheit Platz macht, die dein Leben nicht mehr vergiftet, sondern dich bis in jede Zelle erfüllt.

Erinnere dich daran:

Jede Panik, jede Angst ist überwindbar, aber nur dann, wenn du sie akzeptierst. Alles andere, was dann aufkommen kann, ist größtenteils gesunder Menschenverstand.

„Hat Glück etwas mit der Entstehung von Panik zu tun?"

A: „Was ist Glück für dich?"

F: „Arbeit, die ich liebe. Eine glückliche Partnerschaft. Gesunde Kinder. Ein schönes Haus und ..."

A: „Okay, danke. Wie würdest du dich fühlen, wenn du genau diese Dinge jetzt schon hättest? Stelle dir vor, du hättest all das genau jetzt. Wie wäre das für dich?"

F: „Da muss ich jetzt drüber nachdenken. Das kann ich so gar nicht beantworten. Vielleicht morgen."

A: „Nein. Nicht morgen und auch nicht übermorgen. Du wirst nie wissen, wie die Dinge sich anfühlen, wenn du über sie nachdenkst. Du kannst nur spüren, wie es sich anfühlt, wenn du erlebst, was du gerade tust."

F: „Was ist der Unterschied?"

A: „Eine Erfahrung ist direkt, sie geschieht. Du und die Erfahrung, ihr seid eins. Es gibt nicht mehr dich hier, wie du über die mögliche Erfahrung in der Zukunft nachdenkst, das ist Trennung. Du bist hier, die Erfahrung ist dort. Was wir wollen, ist, zu spüren, wie es sich anfühlt, wenn wir etwas tun, wobei sich alles um uns herum (Zeitgefühl, Schmerz, Sorgen, Panik etc.) auflöst. All das, was nur deine Gedanken erschaffen können."

F: „Wie bei gutem Sex?"

A: „Auch. Oder bei tiefer Arbeit, bei einem „Flow"-Gefühl. Bei einem Gespräch mit Freunden oder Bekannten, wenn ihr so vertieft seid, dass ihr nicht bemerkt, dass die Sonne untergeht. Wenn du so sehr in ein Buch vertieft bist, dass du ausblendest, was um dich herum geschieht. Wenn Zeit und Raum verschwinden, spürst du dein Leben, und genau das halten viele Menschen für Glück. Wenn sie es nicht spüren, bekommen sie Panik und Depressionen, weil all das, wovon sie glaubten, es würde ihnen Glück bringen, kein Glück brachte."

F: „Das bedeutet, dass ich Dinge tun muss, bei denen ich völlig in der Situation aufgehe."

A: „Scheinbar ja, denn ansonsten hättest du keine Panikattacken. Panikattacken sagen dir, dass du dein Leben verpasst.

Dein Leben findet in den Situationen statt, in denen du spürst, dass du lebst. Welchen Unterschied würde es sonst geben zwischen Leben und Tod, wenn wir nicht einmal spüren, dass wir leben?"

Tue täglich etwas, das dich spüren lässt, dass du lebst. Wenn es gleichzeitig etwas ist, das dich hoffen lässt, dass deine Zukunft besser sein könnte als deine Gegenwart, umso besser.

Ignoriere alles und jeden, der dich davon abhalten möchte. Das ist kein Wettbewerb. Das Leben ist eine ständiger Kampf mit sich selbst und mit anderen, in dem es darum geht, die eigene Erfahrung des Lebens zu spüren.

Da die meisten Menschen das Leben nicht spüren, werden sie dir höchstwahrscheinlich einen Strich durch die Rechnung machen wollen. Wenn das passieren sollte (und ich bin sicher, dass es passieren wird), kannst du gerne mir als imaginärem Psychologen die Verantwortung dafür geben. Sage, dass ich dich dazu angewiesen habe, dies oder das zu tun. Es dient deiner psychischen Verfassung. Die meisten Menschen fühlen sich nur dann in ihrer Existenz gefährdet, wenn sie sich unterlegen fühlen. Und unterlegen fühlen sie sich dann, wenn sie durch dich spüren, dass sie eigentlich nicht leben. Wenn du es als psychische Notwendigkeit kommunizierst, wird man dich nur für verrückt halten und höchstwahrscheinlich in Ruhe lassen.

Besser verrückt als tot.

„Wie kann ich das Leben, das manchmal so schwer ist, besser ertragen?"

A: „Was belastet dich?"

F: „Vieles. Die Angst vor dem Tod. Die Angst vor der Zukunft. Die Angst davor, verrückt zu werden. Die Angst vor dem Tod meiner Eltern oder nahen Verwandten. Die Angst, ich könnte meinen Job verlieren. Das ist manchmal unerträglich."

A: „Verständlich. Das Leben bietet uns eine unglaubliche Vielzahl an Herausforderungen an, die scheinbar unerträglich sind, und es wirkt manchmal, als entstammten sie einem schlechten Film. Doch auch hier ist es wie mit der Panik: Wegzuschauen macht nur das stärker, was gesehen werden will."

F: „Ich kann diesen ganzen Dingen nicht ins Auge blicken, es ist einfach zu viel."

A: „Das musst du auch nicht. Das Leben bietet dir auf der einen Seite sehr viel Chaos, doch es gibt auch eine andere Seite, die du dir erschaffen kannst. Diese Seite voller Ordnung stellt ein Gleichgewicht dar, mithilfe dessen das Chaos erträglicher wird."

F: „Was ist dieses Gleichgewicht?"

A: „Wir haben bereits einiges davon angesprochen. Beispielsweise die Dinge, die du tun solltest, aber vermeidest. Oder die Lügen, die du dir selbst und anderen Menschen erzählst. Oder die Dinge, die du kontrollieren kannst, anstatt dich auf das zu konzentrieren, was du nicht kontrollieren kannst. Oder Angst vor deiner unbekannten Zukunft zu haben, weil du dir nicht die Gegenwart erschaffst, in der du dein Leben spürst. All das schafft Ordnung. Je mehr Chaos dir das Leben hinwirft, desto mehr Ordnung musst du erschaffen."

F: „Das klingt ein bisschen wie dieses Nervensystem, von dem du gesprochen hast. Wenn dieses Nervensystem im Gleichgewicht von Anspannung und Entspannung ist, sind auch wir im Gleichgewicht."

A: „Exakt. Und wenn das Leben im Gleichgewicht von Chaos und Ordnung ist, sind auch wir im Gleichgewicht. Dann wird das, was uns das Leben gibt, egal wie negativ es erscheint, keine Überraschung mehr, sondern eine erträgliche Aufgabe."

Der renommierte Harvard-Professor und Psychologe Jordan B. Peterson schrieb in seinem Buch *12 rules for life*: „Wir sind Lasttiere. Wir müssen etwas tragen, um unsere erbärmliche Existenz zu rechtfertigen."

Die Last der Existenz lastet auf und schwebt über uns wie ein Damoklesschwert. Jean Paul Sartre schrieb, dass wir zur „Freiheit verdammt sind", um überhaupt ein erträgliches Leben führen zu können. Er konstatiert, dass wir für alle unseren Handlungen verantwortlich sind; auch dann, wenn wir nichts tun, sind wir für die Konsequenzen des „Nichtstuns" verantwortlich.

Das Schwert über uns, die Last der Existenz, sind auf Ordnung angewiesen, denn sie sind ein reines Chaos.

Diese Ordnung kann einzig durch unsere Verantwortung entstehen.

Chaos braucht kein Handeln, es ergießt sich ohne unser Zutun über unsere Existenz.

Ordnung entsteht ausschließlich durch unser Handeln. Sie ist das einzige und absolute Gegenmittel für Chaos.

Was musst du heute tun, um etwas Ordnung in dein Leben zu bringen?

Was vermeidest du womöglich, obwohl du weißt, dass du es tun solltest?

Welche Kleinigkeit, die dir unordentlich erscheint, in deiner Wohnung, auf deinem Computer, auf der Arbeit, in zwischenmenschlichen Beziehungen, könntest du heute sortieren?

Manchmal sind es nur Kleinigkeiten, doch in der Masse erdrückt uns die Last des Chaos. Die moderne Zeit hat das nicht unbedingt leichter gemacht, denn vieles wird uns abgenommen. Wir müssen uns um manche Dinge nicht mehr kümmern, scheinen nur noch Hüllen in einer existenzleeren Welt zu sein. Doch gerade dann, wenn wir uns selbst um etwas kümmern, werden wir daran erinnert, dass wir selbst Ordnung schaffen können.

 Manchmal ist es der Garten, um den wir uns kümmern, oder unsere Kinder, unser Haushalt, der Weg in die Selbstständigkeit, das Schreiben eines Buches, das Nachgehen eines neuen Hobbys.

Ordnung ist das, was sich entfaltet, wenn du spürst, dass deine Existenz einen Sinn hat. Du wirst gebraucht. Dein Können, deine Talente, deine Gedanken, deine Hände werden gebraucht. Der Sinn deines Lebens entfaltet sich vor deinen

Augen, wenn du etwas tust, das ein Stück Ordnung in dein Leben bringt. Das Chaos, das Gegenteil von Sinn, schafft sich selbst Platz, wie es auch die Panik tut, wenn du ihr Freiraum gibst, wenn du nicht handelst, wenn du dich um nichts kümmerst, wenn du einfach nur überlebst.

„Ich habe panische Angst vor meiner Zukunft. Was kann ich dagegen tun?"

A: „Was wird morgen passieren?"

F: „Morgen? Woher soll ich das wissen?"

A: „Rate bitte."

F: „Na ja. Der Tag wird vermutlich so aussehen wie heute oder gestern, nichts Besonderes."

A: „Genau darin besteht das Problem: Du weißt nicht, was passieren wird. Da dein Gehirn jedoch mit Leere nicht umgehen kann, füllt es diese mit etwas Unbekanntem. Wenn du ein Bewerbungsgespräch hattest, das schlecht lief, du wurdest nicht angenommen und warst sehr aufgeregt, wie wird dann das nächste Bewerbungsgespräch ablaufen?"

F: „Ich werde vermutlich wieder aufgeregt sein und es vermasseln."

A: „Sehr wahrscheinlich. Da du nicht weißt, wie das Bewerbungsgespräch sein wird, füllst du dieses Unwissen mit dem, was du kennst, nämlich mit dem letzten Bewerbungsgespräch."

F: „Okay. Aber was hat das mit der Angst vor meiner Zukunft zu tun?"

A: „Bist du glücklich mit deiner Gegenwart?“

F: „Hm. Eher nicht. Manche Dinge könnten schon besser sein.“

A: „Du bist sogar so unglücklich mit deiner Gegenwart, dass du dein gegenwärtiges Ich in die Zukunft projiziert und glaubst, dass deine Zukunft wie deine Gegenwart aussehen wird, nämlich voller Unzufriedenheit, Schmerz und Leid. Kein Wunder, dass du davor Angst hast. Wenn du daran nichts ändern würdest, dann wäre deine Zukunft tatsächlich wie deine Gegenwart, oder sogar noch schlimmer.“

A: „Das schmerzt.“

F: „Es schmerzt immer, sich einzugestehen, dass man so nicht weitermachen kann. Erinnere dich: Panik will, dass du handelst, dass du etwas veränderst. Tust du das nicht, ist deine Zukunft mindestens genauso schwarz wie deine Gegenwart. Du fürchtest nicht deine unbekannte Zukunft, sondern deine höchstwahrscheinlich bekannte Zukunft. Und die sieht scheinbar alles andere als rosig aus.“

Unser Gehirn ist, anders als bei anderen Lebewesen, dazu in der Lage, sich in zukünftige Situationen zu übertragen. Dann kann es abschätzen, wie diese Situation, in die es sich gerade gedanklich übertragen hat, aussehen würde. Wie es sich hier fühlen würde, was es hier denken, welche Einstellung gegenüber der Welt es hier haben würde.

Wenn du an einer roten Ampel stehst, überträgt dein Gehirn dein gegenwärtiges Ich in eine zukünftige Situation. Es schlussfolgert, wie weit sich mögliche Gefahren gerade von dir entfernt befinden und ob es sich überlebenstechnisch lohnen würde, über die rote Ampel zu laufen. Es schätzt die Geschwindigkeit eines anfahrenden Autos ab, den Weg bis zur anderen Seite, deine Fähigkeit, schnell zu rennen, es bezieht mögliche Faktoren wie nassen Boden oder deinen angebrochenen Knöchel mit ein. Und das alles innerhalb von weniger als einer Sekunde. Dein Gehirn weiß, dass du den Kampf gegen das Auto verlieren würdest, da es viel zu schnell fährt.

Das gleiche Prozedere führt dein Gehirn mit deiner Zukunft durch. Es bezieht die Faktoren, die es kennt, ein, um ein möglichst genaues Bild von deiner Zukunft zu erschaffen. Mit Nichts kann es nicht arbeiten. Es kann nicht vermeiden, auf keinen Fall an einen roten Labrador zu denken.

Dein Gehirn kennt kein Nichts. Doch es kennt das Bekannte, und je unerträglicher das Bekannte ist, desto unerträglicher wird vermutlich auch das Unbekannte.

Die Lösung liegt auf der Hand:

Erschaffe eine Gegenwart, die so erträglich ist, dass du dir vorstellen kannst, dass sie auch deine Zukunft ist.

„Manche Gefühle fühlen sich sehr real an und überwältigen mich, oft bekomme ich deswegen Panik. Was kann ich tun?"

A: „Das Gleiche, was du auch bei der Panik tust: wahrnehmen und akzeptieren. Wenn du etwas wahrnimmst, trennst du dich davon, ohne es zu verdrängen. Wenn du wahrnimmst, dass du wütend bist, und die Wut akzeptierst, gibt es dich und die Wut. Ihr seid nicht mehr verschmolzen."

F: „Genauso, wie wenn ich der Panik sage, dass sie sein darf?"

A: „Genau. Emotionen verfangen sich oft in uns. Das kann solche Ausmaße annehmen, dass die Emotionen uns komplett einnehmen. Wir fühlen dann keine Wut mehr, sondern wir sind die Wut. Jede Zelle strahlt Wut aus. Jedes Verhalten basiert auf Wut. Aus der Emotion Wut, einem neurologischen Ereignis, entwickelte sich ein fassbares, sichtbares, materialisiertes Lebewesen."

F: „Das klingt unheimlich."

A: „Das ist es auch. Wir werden zu dem, was wir nicht sehen wollen."

F: „Es fällt mir schwer, unangenehme Emotionen zu sehen und zu akzeptieren."

A: „Es fühlt sich unnatürlich an, und das ist der Grund dafür, dass die meisten Menschen mit ihren Emotionen vereint sind. Die bewusste Handlung besteht darin, Emotionen bewusst wahrzunehmen und dann so zu handeln, dass die Emotionen nicht mehr aufflammen müssen. Denke daran: Die Emotionen reden mit dir, sie wollen dir etwas sagen. Du weißt genau, was du tun musst, aber du weißt es deutlicher, wenn du die Emotionen zuerst annimmst und dann genauer hinschaust, was sie dir sagen wollten."

F: „Das klingt ein bisschen wie ein Kleinkind, das schreit. Ich nehme es in den Arm, damit es sich gesehen fühlt, und dann gebe ich ihm, was es jetzt braucht."

A: „Kinder haben Bedürfnisse, genauso wie wir Erwachsene. Wir sehen und akzeptieren unsere Emotionen, die uns darauf hinweisen wollen, unsere Bedürfnisse zu befriedigen."

Wir Menschen haben psychische und physische Grundbedürfnisse. Die physischen Grundbedürfnisse kennst du:

Ernährung, Wasser, Schlaf, Bewegung, sexuelle Lust, Toilettengänge.

Die psychischen Grundbedürfnisse sind hingegen den wenigsten Menschen bewusst, und das, obwohl sie mindestens genauso wichtig sind. Würdest du deine Grundbedürfnisse immer erfüllen, würden dich deine Emotionen nie wieder überwältigen, du würdest dich einfach wohlfühlen. Du würdest leben, wer du bist und sein willst.

Bitte notiere dir deine Grundbedürfnisse, denn sie werden dich dein Leben lang begleiten:

1. Autonomie: das Bedürfnis, selbstständig und frei zu sein

2. Bindung: das Bedürfnis, angenehme Beziehungen einzugehen

3. Selbstwert: das Bedürfnis, etwas zu tun und jemand zu sein, der einen intrinsischen Wert hat

4. Unlustvermeidung/Lustgewinn: das Bedürfnis, Dinge zu vermeiden, die sich unangenehm anfühlen und Dinge zu tun, die sich angenehm anfühlen

All diese Bedürfnisse beschreiben das optimale Maß einer gesunden, ausgeglichenen Psyche. Wenn du dich selbst im Alltag beobachtest, wirst du feststellen, dass manche Bedürfnisse teilweise automatisch zu kurz kommen.

Erinnerst du dich noch an den perfekten Ausgleich von Ordnung und Chaos, den du dir in deinem Leben schaffen solltest?

Oder an dein Nervensystem, das entweder entspannt oder angespannt ist und sich gegenseitig etwas nimmt, wenn das eine (Entspannung oder Anspannung) stärker wird?

Genauso ist es auch bei den Bedürfnissen: Je weniger du von einem Bedürfnis hast, desto mehr braucht dein Organismus von den anderen Bedürfnissen, um im Gleichgewicht zu sein.

Unterziehe dein Leben, deine aktuelle Situation, einem Realitätscheck. Wo erfüllst du derzeit welches Bedürfnis und in welchem Ausmaß? Wo könntest du nachbessern? Benötigst du mehr Freiraum? Oder tust du zu viel von Dingen, die sich unangenehm anfühlen? Oder hättest du gerne mehr angenehme Beziehungen, die sich einfach gut anfühlen?

Das ist keine Aufgabe für einen Tag. Es ist eine lebenslange und tägliche Aufgabe.

Wenn du dich immer wieder darum kümmerst, deine Grundbedürfnisse schrittweise zu befriedigen, dann wirst du spüren, wie sich dein Wohlbefinden automatisch steigert.

„Was kann ich tun, wenn ich glaube, krank zu sein, und dadurch Panik bekomme?"

A: „Weißt du noch, was wir gesagt haben, als wir über Einstellungen gesprochen haben?"

F: „Ja. Du hast gesagt, dass aus einer Einstellung automatisch eine Wahrheit wird, wenn wir sie nicht bewusst als falsch erkennen."

A: „Ganz genau. Das Gleiche geschieht mit manchen Menschen, die Panik haben: Sie haben körperliche Paniksymptome, die auch in Stresssituationen entstehen, beispielsweise einen starken oder schnellen Herzschlag, die Lunge spielt verrückt, Schweißausbrüche, Schwindel, Bauchschmerzen und Übelkeit. Aus völlig harmlosen Symptomen können die Wahrheit und Überzeugung werden, ernsthaft krank zu sein."

F: „Auch die Symptome fühlen sich, wie die Panik, sehr echt an. Das macht es so schwierig, sie als falsch zu erkennen."

A: „Sie sind echt. Ihre Ursache ist nur eine andere. Ein krankes Herz stolpert und klopft sehr schnell. Das Gleiche passiert auch bei Panik oder psychischem Stress. Was tun wir als erstes bei Panik, Stress oder Angst?"

F: „Ich akzeptiere die Panik, führe Entspannungsübungen durch und tue etwas, wobei ich mich wohlfühle, das heißt ich gehe zum Sport oder zum Schwimmen."

A: „Sehr gut. Akzeptanz und Entspannung stehen immer an erster Stelle, bevor wir etwas anderes tun. Anschließend ändern wir die Überzeugung, krank zu sein."

F: "Wie ändere ich eine Überzeugung?"

A: "Wie hast du sie aufgebaut?"

F: "Indem ich mir immer wieder voller Überzeugung eingeredet habe, dass ich krank bin."

A: "Genau. Aus einer Panikstörung wird oft eine leichte Hypochondrie, also die Überzeugung, tatsächlich krank zu werden, die aus der Angst resultiert, krank werden zu können. Eine Hypochondrie ist, anders als die Panikstörung, eine Zwangsstörung. Wir wiederholen den Gedanken, krank zu sein, so oft, dass er irgendwann zu unserer persönlichen Wahrheit wird. Lass uns diese Zwangsgedanken zuerst anhalten und dann überschreiben, so wie eine Kassette."

F: "Wie halte ich einen Gedanken an? Muss ich ihn akzeptieren? "

A: "Nein. Einen Gedanken zu akzeptieren, bedeutet nur einen weiteren Gedanken, und das hilft uns hier nicht weiter. Du musst den Gedanken bewusst stoppen. Wenn du bemerkst, dass er aufkommt, sage gedanklich oder laut STOP und klopfe dir auf die Brust oder auf die Arme. Bewegung, kombiniert mit dem bewussten Anhalten, unterbricht den Zwangsgedanken."

F: "Und dann kommt er nie wieder?"

A: "Du hast den Gedanken, krank zu sein, vermutlich tausende Male unbewusst wiederholt. Er wird also nicht komplett verschwinden, wenn du ihn einmal aufhältst. Du wirst allerdings sehen, dass du dich nicht mehr in der Angst verfängst, je früher du den Gedanken unterbrichst."

F: "Ok. Das heißt: Gedanken erkennen und dann bewusst unterbrechen. Das versuche ich beim nächsten Mal. Und wie überschreibe ich eine Überzeugung?"

A: "Indem du dir die Alternative immer wieder aufsagst. Die Alternative ist näher an der Wahrheit als deine falsche Überzeugung. In Wahrheit bist du nicht krank, und das weißt du auch. Deshalb verwenden wir die ‚*Alternativmethode*‘, um falsche Überzeugungen zu überschreiben."

Die "*Alternativmethode*" ist eine Zusammensetzung der neuesten Kenntnisse aus der Neurologie zur Behandlung von Zwangsstörungen und Zwangsgedanken. Anbei einige Grundregeln zu dieser Methode:

1. Verwende **keine** Negation. Wie du bereits weißt, kann dein Gehirn das Wort "nicht" nicht verarbeiten. Wenn du beispielsweise sagst "Ich bin nicht krank", dann streicht dein Gehirn das "nicht" und macht daraus "Ich bin krank". Diese Überzeugung haben wir bereits, wir wollen sie allerdings überschreiben.

2. **Wiederhole** die Überzeugungen mehrmals hintereinander. Neurologische Verkettungen benötigen Wiederholungen, um sich mit der Zeit neu zu verbinden. Das Gehirn baut sich durch neue Gedanken und Verhaltensweisen immer wieder um. Durch die Akzeptanz der Panik und Ängste wirst du das bereits spüren. Diesen Prozess nennen wir "Neuroplastizität".

Immer dann, wenn du bemerkst, dass ein Gedanke aufkommt, der in dir Angst vor einer Krankheit auslöst, unterbreche ihn bewusst.

Wiederhole anschließend in Gedanken mehrmals einen alternativen Gedanken, der das Gegenteil des Zwangsgedanken darstellt. In diesem Falle wäre es:

"Ich bin völlig gesund. Mein Körper kümmert sich um alle Krankheiten. Ich bin völlig gesund."

Denke daran, Negationen zu vermeiden, und verwende starke Begriffe wie "sehr", "völlig" oder "absolut".

**„Ich kann anderen nur schwer vertrauen,
muss es aber tun, um Beziehungen zu
knüpfen. Beides löst Panik in mir aus."**

A: „Wir müssen Bindungen eingehen, weil wir uns gegenseitig unterstützen müssen, um zu überleben. Ein einzelner Mensch war vor über 10.000 Jahren zum Tode verurteilt. Er war den Leiden seiner Existenz ausgesetzt. Er musste sich alleine um Nahrungsbeschaffung kümmern, er musste sich gegen menschliche und tierische Feinde wehren und die Witterungen der Umwelt alleine überstehen. Kein Mensch war dazu in der Lage. Weißt du noch, was wir gesagt haben, als wir über das Grundbedürfnis nach Bindung gesprochen haben?"

F: "Ja. Ich habe es im Alltag ein wenig umgesetzt, indem ich eine Beziehung zu einem Menschen beendet habe, bei dem ich mich unwohl fühlte. Mit meinem Partner war ich campen, und ich habe öfter meine Zuneigung mitgeteilt, anstatt es als Selbstverständlichkeit darzustellen."

A: "Sehr gut. Es ist für uns absolut wichtig und natürlich, Bindungen einzugehen, und unser Organismus belohnt uns dafür mit Wohlbefinden. Gleichzeitig sind wir manchmal etwas naiv und

gutgläubig, was andere Menschen angeht. Woher
kommt das deiner Meinung nach?"

F: "Ich vertraue Menschen sehr schnell und werde
dann oft nur benutzt oder belogen. Woher das
kommt, weiß ich aber nicht."

A: "Deine Panik und Ängste befinden sich in dem
gleichen ‚inneren Raum' wie auch das Chaos
deines Lebens, die Lügen, die du anderen
erzählst, und die Wahrheiten, die du vermeidest.
Je weniger wir dieses Chaos vermeiden oder nicht
sehen wollen, desto mehr glauben wir, ein
gutmütiger, lieber und freundlicher Mensch zu
sein. Gibst du mir dahingehend recht?"

F: "Als ich erkannt habe, welche Lügen ich
anderen Menschen teilweise unbewusst auftische,
habe ich festgestellt, dass auch ich meine
negativen Seiten habe. Ich wollte sie, denke ich,
nur nicht sehen, aber wer will das schon?"

A: "Niemand. Wir lügen uns eine Welt des
Positivismus und der Gutmütigkeit zusammen.
Diese Attribute haben Platz in uns, genauso wie
der Hass, die Wut, die Lügen, die Gedanken,
anderen Schaden zufügen zu wollen. Das ist ein
Teil von uns, ob wir es nun sehen wollen oder
nicht. Was passiert, wenn du dir einen Teil deines

Gesichtes weiß schminkst, deinen Kopf drehst und in den Spiegel schaust?"

F: "Hm. Ich sehe nur den weißen, geschminkten Teil?"

A: "Genau. Das Gleiche passiert, wenn wir unsere dunklen Seiten nicht sehen wollen, wenn wir sie nicht in unser Leben integrieren. Wir sehen nur das Gute in uns und somit auch in anderen Menschen. Würden wir allerdings die Hälfte unseres Gesichtes weiß schminken und die andere Hälfte schwarz und gerade in den Spiegel schauen, dann wären wir nicht nur mit uns im Reinen, sondern auch mit der Welt und mit anderen Menschen. Wir würden der dunklen Seite in uns so viel Raum geben, dass wir erkennen würden, dass auch andere Menschen nicht nur gute Seiten haben. Auch sie haben ein ‚schwarzes Gesicht', doch das sehen wir nicht. Deshalb sind wir naiv und gutmütig und glauben, dass andere Menschen uns niemals anlügen, ausnutzen oder schlecht behandeln würden. Schließlich glauben wir das Gleiche auch von uns."

Du hast in diesem Buch bereits einige Dinge
kennengelernt, über die viele Menschen nicht
sprechen oder nachdenken wollen.

Du hast erkannt, dass dein Nervensystem im
Gleichgewicht zwischen Anspannung und
Entspannung sein sollte.

Du hast erkannt, dass es helfen kann, etwas
Ordnung in deinem Leben zu erschaffen.

Du hast erkannt, dass du die angeblich böse
Panik akzeptieren und annehmen und dann das in
die Handlung umsetzen musst, was du vor dir
herschiebst.

Du hast erkannt, dass es dir schadet, zu lügen
und anderen Menschen Schaden zuzufügen, weil
du dich dabei beobachtest, wodurch mehr
Selbsthass und Manipulation entstehen, während
du dich weiterhin für einen ausschließlich guten
Menschen hältst.

Du hast erkannt, dass Grundbedürfnisse sich nur
dann auf dein Wohlbefinden auswirken können,
wenn sie sich in Einklang befinden.

All diese Dinge machen dich komplett. Du bist
nicht vollständig, solange du nicht das in dein
Leben integrierst, was den Anteilen in dir Raum
gibt, um sich zu entfalten.

Es ist nichts Heldenhaftes daran, sich andauernd wie ein "guter Mensch" zu verhalten. Das macht dich unvollständig, es macht dich zur Marionette dessen, was du nicht sehen willst, und somit auch zur Marionette anderer. Die meisten Menschen haben absolut kein Problem damit, dich auszunutzen, wenn du es zulässt.

Wenn du zulässt, dass das, was dich an anderen stört, in dir sein darf, wenn du es siehst und akzeptierst, dann hebst du deine Selbstachtung jedes Mal auf eine neue Stufe.

"Ach, ich bin also auch manchmal ein Idiot. Das kann natürlich sein."

"Manchmal verhalte ich mich wirklich unangemessen, besonders diesem Menschen gegenüber. Ich sollte damit aufhören."

"Wow. Habe ich das gerade tatsächlich gedacht? Okay, das ist heftig, aber es darf sein."

Integriere deine dunklen Seiten genauso, wie du auch die Panik und Ängste in dein Leben integrierst. Sehe sie, akzeptiere sie, nimm sie an. Wenn du deine Dämonen erkennst, wird dir automatisch bewusst, dass auch andere Menschen Leichen in ihrem Keller haben. Das verhindert keine Bindung, sondern macht

Beziehungen lediglich ehrlicher und erspart dir
unnötige Überraschungen, die deinen Selbst- und
Menschenhass, dein Misstrauen und deine
Dämonen nur noch mehr füttern.

Vertraue. Aber nicht um jeden Preis.

Akzeptiere, erkenne und nehme an, was du nicht
sehen willst.

„Inwiefern hat Bevormundung etwas mit Panik zu tun?"

A: "Manche Menschen haben das Bedürfnis, anderen Menschen ihren Lebensweg, ihr Verhalten, ihre Einstellungen aufzudrängen, weil sie sie für richtig halten. Wir halten meistens das für richtig, was wir selbst tun, und das für falsch, was andere Menschen tun. Beispielsweise die Fans eines Vereins: Der eigene Verein hat alles richtig gemacht, das Spiel war super, die Spieler haben ihr Bestes gegeben. In Wahrheit war das Spiel allerdings einfach nur schlecht, die Spieler demotiviert und besoffen."

F: "Manchmal habe ich das Gefühl, dass mein Chef alles rechtfertigt, was er tut. Selbst seine Wutausbrüche und Kontrollen hält er für richtig und macht es immer wieder, obwohl wir offensichtlich keinen Gefallen daran finden."

A: "Euer Chef ist in der Hierarchie eurer Gruppe ganz oben. Er ist der Rudelführer, der Löwe mit der Mähne, der sich im Schatten eines Baumes lange, ausgiebige Schläfchen gönnt, während ihr die harte Arbeit erledigt. Auch unter euch gibt es wiederum Hierarchien. Derjenige, der ganz unten steht, hat es immer am schwierigsten. Auf der Position ganz unten in der Hierarchie möchten wir uns nicht lange aufhalten. Es ist das reine Chaos, voller Selbsthass, Armut, schlechtem Aussehen, und den schönen und starken Partner bekommen wir auch nicht. Niemand will hier unten sein. In einer Hierarchie streben wir stets nach oben, und dazu gehört auch, freie Entscheidungen treffen zu können."

F: "Und Freiheit ist schließlich auch ein Grundbedürfnis."

A: "Korrekt. Durch Freiheit haben wir die Möglichkeit, uns aus der Tyrannei eines Anführers zu befreien. Nur hier wird es überhaupt möglich sein, Entscheidungen zu treffen, die uns in der gesellschaftlichen Hierarchie nach oben verhilft."

F: "Also bin ich zu einem schrecklichen Leben verdammt, wenn ich nicht genug Geld, keine Villa und keinen attraktiven Partner habe?"

A: "Nein. Du bist zu einem schrecklichen Leben verdammt, wenn du nicht selbstständig und eigenverantwortlich daran arbeitest, in einer Hierarchie aufzusteigen, in der sich ein Aufstieg lohnt. Diese Hierarchie ist ein ungeschriebenes Gesetz. Sie beinhaltet die Befriedigung deiner Grundbedürfnisse und die umfängliche Akzeptanz deiner Selbst. Der Rest kommt von ganz allein. Wenn du dein Leben um deine Grundbedürfnisse herum baust, um Freiheit, um angenehme

Bindungen und Empfindungen, um einen echten
Selbstwert, dann wirst du nie wieder unter
Bevormundungen leiden. Es wird schlichtweg
niemanden mehr geben, der dir sagen könnte,
was du mit deinem Leben anfangen solltest, denn
du tust es bereits selbst."

In manchen Bereichen ist es schlichtweg unmöglich, hierarchische Strukturen vollständig aufzulösen beziehungsweise aufzusteigen. Wo es möglich ist, solltest du jedoch daran arbeiten, innerhalb der Hierarchie aufzusteigen. Warum?

Das Gehirn belohnt Menschen in den hohen Rängen einer Hierarchie mit Serotonin. Dieses Hormon wurde auch bei Hummern gefunden, die innerhalb ihrer Gruppenhierarchie "das Sagen" hatten. Sie durften die gefangene Beute zuerst verspeisen, wurden von den anderen Mitgliedern versorgt und beschützt, bekamen die besten Sexualpartner und hatten allgemein ein sehr leichtes Leben (abgesehen von den ständigen Kämpfen darum, wer aktuell der Anführer ist).

Menschen, die einen Platz auf einem der unteren Ränge der Hierarchie innehaben, zeigen niedrige Serotoninspiegel und hohe Oxytocinspiegel auf. Oxytocin löst psychischen und körperlichen Stress aus, und der Zerfall ist praktisch vorprogrammiert. Innerlich und äußerlich hat der Körper sich darauf geeinigt, keinen Platz in der Welt zu haben. Es gibt nichts, worum er sich noch kümmern könnte, es gibt nichts mehr zu tun. In der Folge entstehen Depressionen, Ängste und Panik. Ein solcher Mensch lässt sich gehen, denn die Welt hat ihm nichts mehr zu geben.

Er hat seinen Rang akzeptiert und als
unabdingliches Schicksal angenommen, wo er nur
noch auf das Ende seiner Existenz wartet.

Das ist allerdings kein Schicksal.
Hierarchiebedingter Zerfall ist gängig, jedoch nicht
umkehrbar.

Folgendes kannst du tun:

1. **Verbiete anderen Menschen, dich wie jemanden zu behandeln, der keinen Wert hat.** Wenn du anderen Menschen etwas erlaubst, gibst du ihnen Recht. Du bestätigst ihr Verhalten und somit deine falsche Wahrheit. Wenn du dich ungerecht behandelt fühlst, sprich es an und sag, dass du so nicht mit dir umgehen lässt. Sei es dir selbst Wert, dich zu verteidigen. Mache anderen Menschen bewusst, dass du kein Spielball bist.

2. **Arbeite an Dingen, die dir wirklichen, intrinsischen Selbstwert bringen.** Das ist nicht nur ein Grundbedürfnis, sondern auch ein "natürliches Aufputschmittel". Wenn du etwas tust, bist du dir genug Wert, denn du nutzt deine Fähigkeiten, etwas zu erschaffen, was du für wertvoll hältst.

Wenn du Wert schaffst, hältst du auch dich für wertvoll, und wenn du dich für wertvoll hältst, strahlst du das nach außen aus. Du wirst anders reden, anders reagieren, dich anders verhalten. Deine Mitmenschen werden unbewusst spüren, dass du kein trauriges Stück Existenz bist.

Auf der Leinwand der meisten Menschen wirst du nicht mehr auftauchen. Nur derjenige, der sich wie ein Opfer der Umstände fühlt und verhält, wird von Menschen erniedrigt, ausgenutzt und missbraucht, die hierin überhaupt Erfolgschancen sehen. Ein leichter Stein lässt sich einfacher werfen als ein schwerer Felsbrocken.

3. **Arbeite weiter daran, Ordnung in deinem Leben zu schaffen, indem du deine Grundbedürfnisse befriedigst, deine Ängste, Panik und Wut akzeptierst und Dinge aufräumst, die deiner Meinung nach Ordnung vertragen könnten.** Egal, ob dein es dein Desktop, dein Zimmer, deine Freundschaften oder dein Beruf ist.

„Welche Methoden gibt es darüber hinaus zur Entspannung?"

A: „Sagt dir die *mühelose Meditation* etwas?

F: „Davon habe ich noch nie gehört."

A: „Deine Hauptmethode besteht weiterhin daraus, die Panik immer dann zu akzeptieren, wenn sie aufkommt. Das fällt dir allerdings leichter, je entspannter du bist. Bevor ich dir mehr über die *mühelose Meditation* erzähle, klären wir allerdings, was eigentlich Bewusstsein ist. Was, glaubst du, ist Bewusstsein?"

F: "Hm. Also, Unbewusstsein ist alles in mir, was ich nicht sehe. Also ist Bewusstsein vermutlich etwas, das ich etwas bewusst wahrnehme, wie beispielsweise meine Panik, wenn sie aufkommt, oder wenn ich mich dabei beobachte, wie ich nicht die Wahrheit sage."

A: "Ganz genau. Das Bewusstsein nimmt einfach nur wahr. Es nimmt den Ort wahr, an dem du dich gerade befindest, und entscheidet darüber, ob du dich hier wohlfühlst oder nicht. Es nimmt wahr, wie du dich in der Gegenwart eines Menschen fühlst, ohne zu beurteilen, warum du dich so fühlst. Es nimmt wahr, wie du dich körperlich und psychisch fühlst, ohne es zu beurteilen. Es nimmt wahr, was du über deine 5 Sinne aufnimmst."

F: "Das kenne ich bereits von den Methoden zur Entspannung. Ich nehme einfach nur wahr, was ich gerade sehe, und zähle es auf. Ist das Bewusstsein?"

A: "Genau, das ist Bewusstsein. Wenn du deine Panik wahrnimmst, ohne mit ihr zu diskutieren oder sie zu verurteilen, tust du das mit deinem Bewusstsein. ‚Ah, da ist also Panik, okay.‘ Die meisten Dinge geschehen einfach und werden erst dann von unserem Verstand beurteilt, verurteilt und eingeordnet. Die Lücke zwischen Wahrnehmung und Reaktion wird allerdings nur von den wenigsten Menschen wahrgenommen, weil ihre Reaktion automatisiert abläuft. Die Dinge sind nur so lange schrecklich, bis wir uns dazu entscheiden, den Schrecken nicht mehr zuzulassen. Wir nehmen einfach wahr, was ist. Um diesen Zustand zu trainieren, üben wir ein wenig mit der *mühelosen Meditation*.

F: "Ich kann also irgendwann meine Emotionen einfach nur wahrnehmen, und dadurch lösen sie sich auf?"

A: "Im Idealfall, ja. Wahrnehmung vermittelt den Emotionen, dass sie gesehen wurden. Das tust du bereits jetzt, indem du sie bewusst akzeptierst."

F: "Aber wieso tun wir das nicht alle automatisch, wenn es doch so wichtig ist?"

A: "Weil wir Ablenkungen gefunden haben, um es zu vermeiden. Wir jagen Dingen hinterher, nehmen Drogen jeglicher Art, suchen den Nervenkitzel, verbessern ständig unser Aussehen usw. All das sind nur Versuche, unserem natürlichen Zustand, der Wahrnehmung, zu entfliehen. Gerade in dieser Zeit ist unser Geist wortwörtlich einer seelischen und körperlichen Völlerei ausgesetzt. Meditation ist Fasten für den Geist. Bevor du einen Therapeuten bezahlst, der dir zuhört, höre dir selbst zu. Bevor du deinen Posteingang leerst, lösche deine Gedanken. So, wie der Himmel regnet, wenn die Wolken schwer sind, und der Körper schläft, wenn die Gliedmaßen müde sind, kommt die Meditation, wenn der Geist ruhig ist."

Wie funktioniert die *mühelose Meditation*?

Bereite dich auf die Meditation vor, indem du morgens mit geschlossenen Augen und aufrechtem Rücken in einer ruhigen, bequemen Position sitzt, die deine Bewegung minimiert. Sechzig Minuten sind einfacher als dreißig Minuten, da der Geist Zeit benötigt, um sich zu beruhigen. Du benötigst 60 aufeinanderfolgende Tage.

Nimm wahr, dass du in diesem Moment die einzige Person auf der Welt bist und dass es niemanden gibt, der dich unterweist, dich lobt oder dich beurteilt.

Bemühe dich nicht für oder gegen irgendetwas. Was passiert, das passiert.

Gib dich im Moment dir selbst hin. Widerstehe nichts und lehne nichts ab, einschließlich des Drangs, Widerstand zu leisten und abzulehnen. Meditation geht nicht durch Gedanken, sondern lässt Gedanken durch dich gehen. Der Gedanke *Ich meditiere* ist auch ein Gedanke.

Meditation ist nicht heilig oder spirituell oder magisch. Es ist buchstäblich nichts.

Kein Fokus, kein Mantra, kein Dharma, keine
Chakren, keine Buddhas, keine Gurus, keine
Dankbarkeit, keine Schrift, kein Tempel, keine
Musik, keine Geräte, keine Apps sind erforderlich.
Fange einfach an, denn genau hier endet alles.

Es gibt viele Meditationsmethoden, aber die
mühelose Meditation ist die universelle Methode.
Jede Kreatur kann sich jederzeit dazu
entscheiden, nichts zu tun. Du musst nicht
aufstehen, um einen Gedanken aufzuzeichnen.
Wenn die Idee gut war, kommt sie zurück, und
wenn sie nicht zurückkommt, war sie nicht gut
genug. Meditation ist ein Einzelspielerspiel. Es
macht keinen Sinn, dich mit anderen
Meditierenden oder sogar mit deinen eigenen
früheren Meditationen zu vergleichen.

Der Punkt der Meditation ist nicht, *ein
Meditierender* zu werden – in Wirklichkeit gibt es
so etwas nicht. Wenn es keine dauerhafte und
mühelose Veränderung bringt, lasse es fallen,
bevor es zu einem weiteren Kampf und einer
weiteren Jagd wird.

Es gibt nichts zu sagen und nichts anzubieten.
Niemand bringt dich irgendwohin, verkauft dir
etwas oder macht dir Versprechen. Das Lesen
oder das Sprechen über Meditation wird nichts für

dich tun und dir nicht helfen. Du kannst beim Meditieren nicht scheitern. Ignoriere alle Ratschläge zur Meditation, einschließlich diesen Ratschlägen.

„Meditation ist für nichts gut. Deshalb tust du es." - Amir Motlagh

Je näher du der Wahrheit kommst, desto stiller wirst du in dir. Die Fähigkeit, zufrieden und in Frieden zu sein, ist Freiheit.

"Inwiefern hilft Sport bei Panik?"

A: "Weißt du noch, was wir gesagt haben, als wir über dein Nervensystem gesprochen haben?"

F: "Die zwei Autobahnen von Anspannung und Entspannung?"

A: "Genau. Die Autobahn der Entspannung heißt Parasympathikus. Dieser Nervenzweig baut durch Bewegung Stresshormone ab und Glückshormone auf. Es ist ein bisschen wie eine natürliche Droge."

F: "Bei Panik habe ich oft das innere Gefühl, flüchten zu wollen. Gleichzeitig habe ich aber auch Angst, mich zu bewegen, weil ich ja denke, dass ich krank bin oder sterben werde."

A: "Exakt. Und genau diese Vermeidung führt dazu, dass du dich schonst. Du gibst deiner Panik und deinem Organismus Recht. Du gibst ihnen Raum, genauso wie du dem Chaos in deinem Leben Raum gibst, wenn du dich nicht um Ordnung kümmerst. Du musst deinen Raum zurückgewinnen, den dir deine Panik und Ängste weggenommen haben. Es ist nicht genug Platz für euch da. Erobere dein Herrschaftsgebiet zurück, genauso wie du es mit deinem tyrannischen Chef und deinen negativen Gedanken tust. Lasse nicht so mit dir umspringen. Gehe raus, renne um den

Block, wiederstehe den Gedanken und der Panik. Was passiert, wenn du dich bewegst, wenn du Sport treibst?"

F: "Mein Herzschlag steigt, ich brauche mehr Sauerstoff, ich schwitze mehr, mir wird schwindelig, wenn ich mich zu sehr anstrenge."

A: "Kommt dir das bekannt vor?"

F: "Hm. Die Symptome sind ähnlich wie bei meiner Panik."

A: "Genau. Panik ist der Ausdruck psychischer Anstrengung, die die gleichen Symptome auslöst wie körperliche Anstrengung. Wenn du dich körperlich betätigst, stellst du die Symptome dann infrage?"

F: "Nein. Es ist ja normal, ich kenne das so."

A: "Es ist normal, dass das Herz schneller schlägt, wenn wir Sport treiben, doch es erscheint uns nicht normal, wenn unser Herz schneller schlägt, wenn wir in völliger Ruhe zu Hause auf der Couch sitzen. Wenn du Sport treibst, wirst du einen besseren und gesunden Kontakt zu deinen körperlichen Symptomen entwickeln. Und wenn sich dein Körper beruhigt …"

F: "… dann beruhigt sich auch meine Psyche."

Körper und Psyche sind miteinander verbunden. Beides beeinflusst sich gegenseitig, immer.

Den Körper zu entspannen, entspannt auch die Psyche.

Die Psyche zu entspannen, entspannt auch den Körper.

Du kennst bereits einige Methoden, um deinen Körper zu entspannen (beispielsweise die Atemmethoden oder die *mühelose Meditation)*".

Deine Psyche entspannt sich, wenn du in dir das annimmst, was du nicht sehen möchtest, all das Chaos, das du an dir selbst hasst, was du ablehnst, was du anderen vorenthältst, womit du andere belügst, und die Grundbedürfnisse, die du nicht befriedigst. All das ist Anstrengung für deine Psyche, und infolgedessen fühlt sich auch dein Körper angespannt an. Dies wiederum hat Auswirkungen auf die Psyche. Dich um all das zu kümmern, entspannt hingegen deinen Körper und somit (in der Rückmeldung) deine Psyche.

Sport sortiert den Geist, indem er körperliche und psychische Anspannungen löst. Unsere Vorfahren waren körperlich in bester Verfassung, weil sie sich den ganzen Tag bewegten und zu körperlichen Dingen in der Lage waren, von denen heute noch nur Hochleistungssportler profitieren.

Unser Körper, unsere Psyche, unser kompletter Organismus sind allerdings immer noch die gleichen wie vor 10.000 und vor 100.000 Jahren. Dein Körper will bewegt, er will benutzt werden, so wie auch deine Psyche benutzt werden will, indem du dich um gewisse Dinge kümmerst.

"Ich traue mich aus Panik nicht mehr, manche Orte aufzusuchen. Was kann ich tun?"

A: "Du weißt bereits, dass du dich mit den meisten Dingen, wie unangenehm sie auch sind, konfrontieren musst. Auch wenn das nicht immer angenehm ist, haben wir bereits darüber gesprochen, dass du etwas Raum gibst, wenn du deinen Raum nicht selbst einforderst."

F: "So wie bei meinem Chef. Ich habe gemerkt, dass er mich weniger für Dinge verantwortlich macht, seitdem ich ihm gesagt habe, dass ich nur für meine Fehler Verantwortung übernehme, aber nicht mehr wie ein Sünder mit allem beladen werden möchte."

A: "Sehr gut. Du hast klare Grenzen gezogen und dir deinen Raum, in deinem Fall die Autonomie, also die Freiheit, zurückgeholt. Du hast Verantwortung für dein eigenes Handeln übernommen, aber nicht für das Handeln anderer Menschen, und das vermittelt dir, dass du es dir wert bist, dich um dich selbst zu kümmern.

Das Gleiche passiert bei den Orten, die du
vermeidest, weil du dort Panik hast: Du gibst ihnen
Raum. Du bestätigst ihnen, dass sie Recht haben.
Sie werden also immer wieder ihren Raum
einfordern.

"Wie schaffe ich es, noch mehr Distanz zu meinen negativen Gedanken aufzubauen?"

A: "Was hast du bereits gelernt, um eine Distanz aufzubauen?"

F: "Ich übe, Gedanken bewusst zu stoppen, wenn ich sie wahrnehme. Ich baue neue Wahrheiten ein und ersetze die bisherigen Gedanken durch Alternativen. Durch die *mühelose Meditation* trainiere ich täglich, die Dinge um mich herum und in mir einfach wahrzunehmen.

A: "Sehr gut. Stelle dir jetzt einmal folgende Frage: ‚Was wird wohl mein nächster Gedanke sein?‘ Warte ab, was passiert. Suche keinen Gedanken, sondern warte."

F: "Es war kurz still, und dann ist ein Gedanke aufgeploppt."

A: "Genau. Wiederhole die Übung in etwa drei Minuten. Indem du die Übung stetig wiederholst, wird irgendwann die Lücke zwischen den Gedanken größer. Das Gleiche kannst du mit deinen Emotionen tun, und mit deiner Angst und deiner Panik ist es natürlich am effektivsten. Je öfter du in Situationen deine Angst gedanklich wahrnimmst, ihr Aufsteigen erkennst, sie einfach nur urteilsfrei wahrnimmst, sie akzeptierst und dann handelst, desto seltener wird sich dein Verstand einschalten, da es dein Verstand ist, der deine Angst immer verurteilt hat."

F: "Ok. Wie schaffe ich das?"

A: "Betrachte zunächst, wie du dich jetzt gerade fühlst. Wie fühlst du dich, wenn du Angst hast?"

F: "Ängstlich."

A: "Genau. Du fühlst dich ängstlich. Welche Auswirkung hat das?"

F: "Ich fühle Angst."

A: "Exakt. Du bist nicht die Angst, sondern du fühlst die Angst. Wie kannst du das wahrnehmen?"

F: "Aha, da ist jetzt Angst."

A: "... und die gesunde, neue Reaktion ist welche?"

F: "Hallo Angst. Ich erkenne dich, und es ist in Ordnung, dass ich mich ängstlich fühle."

A: "Aus der Identifikation mit der Angst wurde eine Emotion, die du fühlst. Mit dieser gesunden Distanz kannst du all deine Emotionen und Gedanken aufbauen. Wir werden weiterhin üben, deine Emotionen und Gedanken in deinem Alltag wahrzunehmen und dann so zu handeln, dass deren Entstehung gar nicht mehr erst notwendig ist. Du machst das bisher schon sehr gut."

Die meisten Lehren, Erkenntnisse der
Psychotherapie und Neurologie, aber auch meine
eigenen Erfahrungen und die meiner Klienten
basieren auf einem wichtigen Werkzeug: der
Wahrnehmung.

Die Wahrnehmung ist ein inneres Werkzeug, das
wir immer bei uns tragen. Es ist erstaunlich, dass
ein solches Werkzeug völlig frei zugänglich ist,
mitsamt seiner immensen Kraft und den damit
verbundenen Konsequenzen. Wahrnehmung
alleine löst den Großteil der inneren Konflikte auf.
Innere Konflikte sind meistens lediglich ein
Automatismus, die unbewusste, neurologische
Verschaltung dessen, was wir immer wieder
wiederholen.

Wenn Wassertropfen immer wieder auf einen
Stein tropfen, "höhlen" sie wortwörtlich den Stein.

Die meisten Menschen stehen immer zur gleichen
Uhrzeit auf, frühstücken das Gleiche, reden über
die gleichen Dinge mit den Kollegen, reagieren auf
die gleichen, äußeren Einflüsse, fahren den
gleichen Weg zur Arbeit und zurück nach Hause,
denken die gleichen Gedanken, schauen die
gleichen Filme, trinken und essen das Gleiche und
gehen immer wieder um die gleiche Uhrzeit
schlafen.

Wie ein programmierter Algorithmus sind sie Gefangene ihres eigenen Verstandes. Die Konsequenzen, die sich daraus ergeben, sind Realitätsverlust, das Gefühl, nur Überlebender zu sein, sich selbst nicht mehr zu spüren, das Leben nicht mehr zu spüren und keinen aktiven Einfluss auf das eigene Wohlbefinden zu haben.

Wahrnehmung löst das auf, was sich eigenständig Raum verschafft, wenn du es nicht wahrnimmst. Das Äquivalent dazu ist der Tyrann, der dich in der Hierarchie unterdrückt, egal ob es dein Chef, deine Panik, deine Ängste oder deine Gedanken sind.

Tyrannei breitet sich immer so weit aus, wie du ihr Raum gibst.

Tyrannei (in unserem Zusammenhang insbesondere die Tyrannei deines Verstandes) endet dann, wenn du deine Wahrnehmung benutzt, um ihr (der Tyrannei) den Raum zu nehmen.

Sie wahrzunehmen, nimmt Raum von dir ein,
genauso wie Ordnung mehr Raum einnimmt, um
das Chaos in seine Schranken zu weisen.

Wahrnehmung ist eine deiner stärksten Waffen
und eine der wenigen Waffen, die niemandem
Schaden zufügt.

Nutze sie großzügig.

"Wieso erschafft Wut Panik?"

A: "Weil du ihr den Raum gibst, dich einzunehmen."

F: "Also wie bei meinem Chef."

A: "Genau."

F: "Und meiner Angst."

A: "Exakt."

F: "Wie hole ich mir den Raum zurück, sodass mich meine Wut nicht mehr kontrolliert?"

A: "Wut will dir etwas sagen, genauso wie Panik und Angst. An erster Stelle steht aber immer die Wahrnehmung."

F: "Ich fühle mich wütend."

A: "Baue eine wahrnehmende Distanz zwischen dir und der Wut auf. Hier bist du, dort ist die Wut. Hier ist deine Wahrnehmung, dort deine Emotion."

F: "Das versuche ich immer, wenn Panik aufkommt. Es wird besser, ich verfange mich nicht mehr in ihr."

A: "Was tust du, sobald du eine Emotion wahrgenommen hast?"

F: "Ich frage mich, was sie mir mitteilen wollte."

A: "Genau. Nachdem du eine Emotion wahrgenommen hast, hast du Platz für dich, für dein aktives Verhalten, für eine neue Strategie. Das wollte die Panik schließlich von dir. Worauf warst du zuletzt wütend?"

F: "Auf meinen Vater. Er ignoriert mich immer wieder, das schmerzt und macht mich wütend."

A: "Was erwartest du von deinem Vater?"

F: "Hm. Eigentlich möchte ich von ihm einfach akzeptiert und gesehen werden. Und geliebt."

A: "Wut ist der Versuch, das Verhalten von jemandem in die Richtung zu bewegen, in die du ihn gerne bewegen möchtest. Das ist eine gute Lehre."

F: "Inwiefern?"

A; "Du erwartest von deinem Vater Akzeptanz und Liebe. Was gibst du ihm?"

F: "Hm. Ich habe ihn ehrlich gesagt lange Zeit selbst ignoriert, ihn angeschrien und ihm Vorwürfe gemacht."

A: "Und du erwartest von ihm, dass er dich dafür liebt und akzeptiert? Du bist ein erwachsener Mensch. Nur Kinder brauchen die bedingungslose Liebe ihrer Eltern. Erwachsene müssen sich die Akzeptanz und Liebe ihrer Eltern manchmal erst wieder verdienen. Wenn du nicht aufgibst, derjenige sein zu wollen, dem gegeben wird, weil er schließlich das Kind ist, wirst du vermutlich nie das bekommen, was du erwartest."

F: "Das klingt unmöglich. Meine Eltern haben mir sehr viel Leid zugefügt. Wie soll ich Liebe geben, wenn mir Schaden zugefügt wurde?"

A: "Frage nicht danach, tue es einfach. Gebe Liebe und Akzeptanz. ‚Gib anderen das, was sie dir deiner Meinung nach vorenthalten', sagte der spirituelle Lehrer Eckhart Tolle. Dann hört auch die ständige Wut auf."

Eigentlich wollen wir alle geliebt und akzeptiert werden. Nichts ist angenehmer, erfüllender und erzeugt mehr Wohlbefinden, als die Person sein zu dürfen, die wir gerne wären. Wir spielen uns und anderen Menschen eine Person vor, die wir glauben, sein zu müssen, um geliebt zu werden. Die Folge davon ist jedoch, dass andere Menschen nicht uns lieben, sondern eine falsche Hülle, eine Lüge. Was stärker wird, ist die Wut auf die Welt und auch auf dich selbst.

Wut will dich bewegen, sie will deinen Fokus auf etwas richten. Wir glauben oft, dass Wut die andere Person umstimmen und zu einem Verhalten zwingen will. Das ist es, was wir sehen. Da wir allerdings nicht sehen wollen, was wir selbst zu der Situation beigetragen haben, bleibt die Wut, und damit auch das Unwohlsein und oft die Panik.

Meine erste Panikattacke entstand, nachdem ich meinen Vater angelogen hatte und gleichzeitig erwartete, dass er mir vertraute. Er vertraute mir nicht. Er sagte mir, dass er mir nicht vertraue. Meine Wut erwartete von ihm, mir sein Vertrauen zu schenken, obwohl ich ihn ja gerade angelogen hatte. Mein inneres Chaos nahm Überhand und schenkte mir meine erste Panikattacke.

Wut gibt dir den Hinweis, dass du gerade etwas eingefordert hast, das du selbst nicht geben kannst. Wut will nicht das Verhalten anderer Menschen ändern, sondern sie will dich darauf aufmerksam machen, dass du an deinem Verhalten arbeiten solltest.

"Mir fällt es schwer, meine Grundbedürfnisse im Alltag wahrzunehmen. Was kann ich tun?"

A: „Was tust du, wenn du Panik bekommst?"

F: „Ich akzeptiere die Panik und frage mich, was sie mir gerade sagen wollte. Beim letzten Mal kam die Panik wieder quasi aus dem Nichts, und ich habe mich gefragt, woran es mir gerade fehlt. Irgendwie war mir danach, mit dem Fahrrad an den See zu fahren, an den ich immer mit meinem Vater ging. Anschließend hatte ich Lust auf ein Eis. Eigentlich wollte ich an dem Tag nur arbeiten, aber das hat sich dann verloren."

A: „Sehr gut. Wir müssen zwar langfristige Ziele planen, um eine Richtung zu haben, die wir verfolgen, doch im Alltag ist es manchmal in Ordnung, seinem inneren Kompass zu folgen. Der Weg des Kompasses lässt sich nicht planen. Die Psyche ist fluide, sie will andauernd etwas anderes. Erinnerst du dich an die körperlichen Grundbedürfnisse?"

F: „Natürlich. Essen und Trinken und so."

A: „Wenn du Hunger hast, trinkst du dann Wasser?"

F: „Nein, natürlich nicht.“

A: „Und wenn du auf Toilette musst, hast du dann Sex?“

F: „Haha, nein!“

A: „Das klingt alles so absurd, weil es für uns zur Selbstverständlichkeit geworden ist, unsere körperlichen Bedürfnisse zu befriedigen. Wir tun es einfach. Zu unseren psychischen Grundbedürfnissen haben wir allerdings den Kontakt verloren oder gar nie aufgebaut. Stelle dir also im Alltag immer wieder bewusst die Frage: ‚Was brauche ich jetzt in diesem Moment?‘ Frage dich nicht, was du tun müsstest oder solltest, sondern was du brauchst, um dich jetzt wohlzufühlen. Die Antwort ist, wie in deinem Fall, meistens eine ganz andere als die, die du für richtig hältst.“

F: „Wenn ich also Lust auf Sex habe oder auf Schokolade, schnappe ich mir einfach jemanden und verspeise währenddessen ein Eis?“

A: „Natürlich nicht, du bist ja kein Hund. Nur Tiere und Kleinkinder überlassen sich ihren Trieben und Instinkten. Es geht um den Einklang zwischen dem, was du brauchst, und dem, was du tun musst. Das Gleichgewicht zwischen Chaos und Ordnung, du erinnerst dich?"

F: „Ja."

A: „Es gibt immer einen Mittelweg, einen Graubereich, eine dünne Linie. Hier kann Wachstum entstehen, ohne am dafür notwendigen Schmerz zu zerbrechen. Hier wird der Tyrann in seine Schranken gewiesen, ohne ihn zu sehr zu verärgern. Hier werden die Dinge kontrolliert, die in der Hand liegen, ohne sich zu sehr in der Kontrolle zu verlieren. Hier wird Anspannung in deinen Alltag eingebaut, um zu erledigen, was erledigt werden muss, ohne dass die Anspannung überhandnimmt. Hier wird Panik akzeptiert, ohne sich ihr tatenlos hinzugeben. Hier wird anderen Menschen vertraut, ohne zu naiv und gutmütig zu sein. Hier werden Lügen vermieden, ohne sich in unnötige Gefahren zu begeben. Es gibt nicht nur Schwarz und Weiß. Das beste Leben ist eher grau."

Ein mit Ordnung angefülltes Leben ist langweilig und vorausschaubar. Du weißt, was als Nächstes passiert, bevor es passiert. Die kleinsten Erschütterungen bringen dich aus dem Gleichgewicht. Jede Fliege bringt dich zur Weißglut. Du bist so sehr mit deiner Ordnung identifiziert, dass jeder Versuch, sie dir zu entreißen, in Existenzangst mündet. Das kleinste Chaos, das aufkommt (und es wird aufkommen), ist der Identitätstod. Schließlich hast du bisher alles dafür getan, deine Ordnung zu erhalten. Du bist die Ordnung.

Ein mit Chaos angefülltes Leben ist ein Drahtseilakt. Überall lauern Gefahren, jeder Mensch wird zur Zielscheibe. Du hast nicht nur die Hoffnung verloren, dein Leben irgendwann wieder zu spüren, sondern auch, irgendwann wieder glücklich zu sein. Du bist ertränkt in einem Chaos aus Depression, Schmerz und Leid. Die Welt ist dein Feind, denn du selbst bist dein größter Feind.

Auf der Zwischenstufe sind Ordnung und Chaos im Gleichgewicht. Die Graubereiche ziehen sich durch deinen Alltag, aber sie überfordern dich nicht. Du hast schließlich alles, wofür es sich zu leben lohnt:

Panik (Chaos) und **Akzeptanz** (Ordnung)

Abenteuer (Chaos) und **Entspannung** (Ordnung)

Wachstum (Chaos) und **Beziehungen** (Ordnung)

Freiheit (Chaos) und **Aufgaben** (Ordnung)

Suche dir chaotische Anteile und finde einen dazugehörigen Anteil, der dir die notwendige Ordnung bringt. Nur dann bist du dazu imstande, dich von der Ordnung nicht in Langeweile und Tristesse ziehen zu lassen, und vom Chaos in Abgrund und Verzweiflung.

"Der Mensch ist ein Seil, geknüpft zwischen Tier
und Übermensch, – ein Seil über einem Abgrunde.

Ein gefährliches Hinüber, ein gefährliches
Auf-dem-Wege, ein gefährliches Zurückblicken,
ein gefährliches Schaudern und Stehenbleiben.

Was gross ist am Menschen, das ist, dass er eine
Brücke und kein Zweck ist. Was geliebt werden
kann am Menschen, das ist, dass er ein Übergang
und ein Untergang ist.

Ich liebe Die, welche nicht zu leben wissen, es sei
denn als Untergehende, denn es sind die
Hinübergehenden."

Friedrich Nietzsche, "Also sprach Zarathustra"

"Inwiefern beeinflusst Stress die Entstehung von Panik?"

A: "Dauerhafter Stress ist pures Chaos, und der Mensch ist dafür nicht gemacht. Es ist einfach, sich in einer Zeit wie der heutigen getrieben zu fühlen. Dein Körper wird dir allerdings die entsprechenden Signale schicken, dass das nicht in Ordnung ist."

F: "So wie zum Beispiel die Panik."

A: "Genau. Die Panik ist das überlaufende Fass, das Zeichen, dass du zu viel Chaos in deinem Leben hast. Die Panik ist das Wasser, das überläuft, das Feuer, das vom Kamin einen Funken sprüht und das Haus abbrennt. Doch selbst wenn das Fass nicht mehr überläuft, ist es immer noch zu voll. Panik ist nur verstärkte Angst. Existenzielle Krisen, Ängste und die weiteren Problemchen des Lebens. Auch der Stress möchte dir etwas sagen. Was könnte das sein?"

F: "Panik sagt mir, dass ich zu viel Chaos in meinem Lebe habe, meistens Lügen mir selbst oder anderen gegenüber, auf die ich meinen Fokus richten soll. Unzufriedenheit sagt mir, dass ich meine Grundbedürfnisse befriedigen sollte. Wut sagt mir, dass ich an einem anderen Menschen etwas verurteile, obwohl ich es selbst geben sollte, oder dass ich mich von ihm unterdrücken lasse. Stress sagt mir vermutlich, dass ich meinen Fokus mehr auf meine Entspannung richten sollte."

A: "Ganz genau. Das liegt zwar auf der Hand, ist jedoch für viele Menschen schwierig umzusetzen. Stress ist eine Entzündungsreaktion deines Körpers. Entzündungen müssen von deinem Immunsystem bekämpft werden, und das wiederum benötigt viel Energie. Dein Nervensystem läuft auf Hochtouren und versucht, die Anspannung auszugleichen. Deine Panik zu akzeptieren, deine Wut als Hinweis zu verstehen und deine Grundbedürfnisse zu befriedigen, all das lindert die Stresssituationen deines Körpers. Du bist im Einklang mit dir selbst und dem, was dein Körper von dir fordert."

F: "Das erinnert mich ein wenig an ein Auto. Es läuft nur dann richtig, wenn alles aufgefüllt und instand gehalten wird."

A: "Es ist durchaus vergleichbar, nur mit dem Unterschied, dass ein Auto ersetzbar ist. Du musst dir selbst genug wert sein, um dich nicht mehr für egoistisch zu halten, wenn du dich zuerst um dich kümmerst. Wenn du dein Auto nicht wartest und pflegst, können andere nicht in deinem Auto mitfahren. Wenn du dein Auto jahrelang schlecht behandelst, wirst du es irgendwann verschrotten müssen. Dein Körper hingegen wird Krankheiten erschaffen. Panikattacken sind wundervolle Hinweisschilder dafür, dass du dich auf dem Weg dorthin befindest."

F: "Psychische Krankheiten?"

A: "Ja. Körper und Psyche sind eins, du erinnerst dich sicherlich daran."

F: "Beides beeinflusst sich gegenseitig."

A: "Ist deine Psyche krank, wirst du auch deinen Körper vernachlässigen, und umgekehrt. Wenn du dich vernachlässigst, wirst du in der Hierarchie automatisch nach unten rutschen. Kranke Mitglieder eines Tierrudels werden entweder von der eigenen Gruppe getötet, weil sie eine Last darstellen, sie sterben an ihren Krankheiten oder Verletzungen oder erliegen der Stärke anderer Tiere. Uns Menschen blüht das Gleiche."

Was schrecklich klingt, ist schlichtweg der Weg der Natur. Manche Menschen glauben, sie könnten sich gegen die Evolution mehrerer 100.000 Jahre auflehnen. Sie glauben, dass sie ihre Biochemie austricksen könnten, und sie glauben, dass dieser Plan aufgehen würde und dass sie schlauer sind als die Natur.

Das ist kein Zeichen von Dummheit, sondern eine Mischung aus Selbstüberschätzung und der Unfähigkeit, sich in einer Welt zurechtzufinden, die erst wenige Jahre alt und genau das Gegenteil der Welt ist, in der wir so lange gelebt haben.

Zwar stehen wir an der Spitze der Nahrungskette, doch heutzutage müssen wir mehr lernen als je zuvor. Aus diesem Grunde wirst du in diesem Buch keine Ratschläge finden, die gegen deine Natur arbeiten, sondern lediglich solche, die in Einklang mit deiner Natur sind.

Ich möchte, dass du dich in einer Welt zurechtfinden kannst, die nicht für den menschlichen Organismus gemacht ist. Und trotzdem gibt es Hoffnungen. Hoffnungen, die tiefer liegen als Entspannungsübungen oder Yoga.

Fassen wir einige Hoffnungen zusammen, die wir bereits gelernt haben:

1.	Emotionen müssen akzeptiert und angenommen werden, um ihnen ihre unbewusste Kraft zu nehmen. Höre ihnen zu, aber lasse sie nicht dein Leben kontrollieren.

2.	Emotionen (“motion” = Bewegung) sind neurologische Reaktionen, die dich zu einer bestimmten Handlung bewegen wollen.

3.	Die Handlung wird bewusster, wenn du deinem gesunden Menschenverstand folgst, nicht reaktiv handelst, dich fragst, welchen Sinn oder welchen Nutzen die Handlung haben könnte.

4.	Eine Handlung, die auf Emotionen folgt, ist niemals destruktiv. Dein Organismus will weder dir noch anderen Menschen Schaden zufügen. Stelle das an die erste Stelle all deiner Handlungen. Sage die Wahrheit oder lüge zumindest nicht, weder dir selbst noch anderen Menschen gegenüber. Sprich deutlich aus, wenn du dich unterdrückt fühlst, anstatt deine Wut deinen Charakter auffressen zu lassen.

5.   Schaffe in deinen Handlungen eine Mischung aus Ordnung und Chaos, denn ansonsten langweilst du dich oder drehst durch.

6.   Kümmere dich um deine Psyche und deinen Körper. Tue das, was sich richtig anfühlt. Dich machen nicht die Dinge aus, die du tust, sondern die Dinge, die du vermeidest, obwohl du sie gerne tun würdest, und die Dinge, die du tust, obwohl du sie gerne vermeiden würdest.

"Wieso benötige ich Wachstum, um Panik zu verhindern?"

A: "Wachstum ist Ordnung. Du kümmerst dich um etwas und signalisierst dir gleichzeitig, dass du es dir wert bist, dich um etwas zu kümmern."

F: "Selbstwert. Eines der Grundbedürfnisse."

A: "Ganz genau. Doch was benötigen wir für Wachstum?"

F: "Hm. Schmerz?"

A: "Ja. Schmerz und Unbequemlichkeit sind die Gegenseite dessen, wo die Panik dich hingedrückt hat. Die Panik hat so viel Raum deines Lebens eingenommen, so viel Chaos und Verzweiflung geschaffen, dass dir alles wie eine Gefahr vorkommt. Die Panik lässt dich schließlich auch im Glauben, dass sie dich töten könnte."

F: "Es fällt mir schwer, Panik zu akzeptieren. Obwohl ich ja eigentlich genau das tun muss, um sie aufzulösen, wo sie mir doch so viel Leid zufügt."

A: "Sie fügt dir kein Leid zu. Du fügst dir Leid zu. Die Panik teilt dir das lediglich mit. Sie ist nur das Piepsen deines Autos, wenn du die Linie zum

Seitenstreifen überschreitest, um dich vor dem Tod zu bewahren. Panik lässt dich im Glauben, dass du stirbst, doch die Gefahr geht nicht von der Panik aus, sondern von dem Leben, das du erschaffen hast. Sei ihr dankbar dafür, sie ist dein Freund."

F: "Ich versuche es. Und ich spüre auch, dass sie schwächer wird, wenn ich sie akzeptiere und mich mehr um mich kümmere; darum, was ich brauche und vermeide, mich selbst zu belügen. Aber für Wachstum muss ich mich unwohlfühlen."

A: "Ja. Du musst eine Entscheidung treffen. Eigentlich musst du in deinem Leben immer eine Entscheidung treffen, aber diese hier ist besonders wichtig: Du musst dich zwischen Schmerzvermeidung und Wachstum entscheiden. Es braucht Verzweiflung, um zu wachsen, es braucht aber auch Wachstum, um nicht zu verzweifeln. Entscheide dich also für den Schmerz, für das unangenehme Gefühl, für die Stolpersteine. Nur so spürst du dein Leben, und wenn du dein Leben spürst, ist jede Verzweiflung, die dir in den Weg kommt, nicht relevant. Dein Leben zu spüren, zu tun, was du liebst, worin du aufgehst, was du für richtig hältst, das ist eine ganze LKW-Ladung an Ordnung."

F: "Heute habe ich begonnen, die Homepage für einen Kurs zu bauen, den ich gerne veröffentlichen würde. Das heißt, ich habe mich darüber informiert, welche Anbieter sich gut dafür eignen."

A: "Sehr gut. Du schaffst dir in deinem Alltag Hoffnung auf eine Zukunft, die sich vor deinen Augen manifestiert. Du kennst deine Zukunft, wenn du vermeidest, was du eigentlich tun solltest, aber du kennst sie auch, wenn du tust, was du tun möchtest. So werden deine Panik und dein gesamter Organismus zufriedengestellt. Nichts überrascht dich mehr, das Leben kann dich nicht mehr aus der Spur bringen. Dich um etwas zu kümmern, was dir das Gefühl von Wachstum gibt, die Bürde, das Schicksal, mit dem du als Mensch geboren wurdest. Wenn du dieses Schicksal trägst, kann dich die Last des Lebens nicht mehr erdrücken."

Panik will gesehen werden. Und sie will, dass du handelst. Sie will nicht, dass du auf der Couch liegst, deinen Bauch kraulst und deine ganze Watchlist auf Netflix durchguckst. Das kannst du später tun, wenn du etwas mehr Ordnung in dein Leben gebracht hast. Derzeit hast du in deinem Leben anscheinend sehr viel Chaos, das du zunächst einmal aufräumen solltest, also beginne damit.

Wachstum schafft Ordnung. Du übernimmst Verantwortung für deine Ängste, für deine Panik, für deine existenziellen Sorgen. Du zeigst der hässlichen Fratze des Lebens die kalte Schulter, packst deinen Rucksack voller Chaos, läufst den Berg hoch und wirfst währenddessen immer mal wieder ein wenig Chaos aus dem Rucksack.

Sisyphos wurde von Zeus dazu verdammt, sein Leben lang einen Felsbrocken auf die Spitze eines Berges zu rollen. Doch damit nicht genug: Sisyphos würde niemals dort ankommen. Die Spitze bewegte sich von ihm fort, je näher er ihr kam. Der Felsbrocken war zwar in Bewegung, doch er schien nicht den Berg hinaufzurollen. Sisyphos konnte sich so sehr anstrengen, wie er wollte, er rollte auf der Stelle. Blieb er allerdings stehen, rutschte er ab und wurde von dem Felsbrocken nach unten gerollt. Als wäre das nicht bereits genug gewesen, peitschte Zeus ihm manchmal auch noch Donner, Regen und Hitze um die Ohren.

Das Leben fordert dich heraus. Es hält viel Verzweiflung für dich parat, die dich jeden Moment zu überrollen droht. Es erschafft die Illusion, dass es die Spitze eines Berges geben würde, einen Punkt in deinem Leben, an dem all die Verzweiflung endlich Vergangenheit sein würde. Diese Illusion ist die Unerträglichkeit deines Verstandes, mit der Last deines Lebens umzugehen, anstatt all das zu akzeptieren, was gerade nicht in seiner Kontrolle liegt und stattdessen das zu kontrollieren, was du kontrollieren hast. Deine Last zu tragen, und zwar ganz alleine, in Richtung des Gipfels, ohne anderen Menschen Schaden zuzufügen, und ohne dir einzureden, dass du dazu nicht bereit bist.

Denn irgendwann wird dich die Last des Felsbrockens erdrücken. Er wird dich den Berg hinabschleudern, du wirst unter seinem Gewicht zerbrechen und verzweifeln.

Genauso wie Sisyphos dazu verdammt wurde, den Felsbrocken zu rollen, bist du als Mensch dazu verdammt, die Last deiner Existenz zu tragen, indem du dich um etwas kümmerst, dich mit dir selbst vergleichst und dich ständig verbessert.

Das Schicksal deiner Existenz kann pures Chaos erschaffen.

Wachstum ist pure Ordnung.

"Wieso erschafft das Helfersyndrom Panik?"

A: "Du rollst keinen Felsbrocken, also glaubst du, du könntest von deiner Last ablenken, indem du die Last anderer Menschen trägst. Das funktioniert natürlich nicht."

F: "Was meinst du damit? Ich kümmere mich um andere Menschen, weil ich Angst davor habe, mich um mich selbst zu kümmern?"

A: "Exakt. Es ist einfacher, sich um den Erfolg und das Wohlbefinden anderer Menschen zu kümmern. Ihre Fehler sind dann nicht deine Fehler. Ihr Wohlbefinden ist zwar auch nicht dein Wohlbefinden, aber zumindest hattest du etwas, worum du dich kümmern konntest. Auf diese Weise wirst du es zwar nicht schaffen, dein eigenes Chaos abzutragen und deine Existenz zu schultern, aber zumindest schaffst du dir ein falsches Gefühl von Ordnung."

F: "Meistens hole ich mir dadurch nur noch mehr Probleme in mein Leben. Ich gebe Energie, die ich eigentlich für mich selbst benötigen würde, und aufgrund der Verantwortung wird mir dann trotzdem meistens die Schuld zugeschoben, wenn irgendetwas schiefgeht."

A: "Natürlich. Andere lieben es genauso sehr, die Verantwortung für ihre Probleme abzugeben, denn diese Probleme stellen schließlich eine schwere Last dar, vermutlich die schwerste. Es kommt ihnen nur recht, dass sie diese Last an dich abtragen können. Du hast ihren Felsbrocken ein paar Meter gerollt, und jetzt bekommst du nicht nur mehr Gewicht durch die Missachtung deines Felsbrockens, sondern auch die Schuld und Wut der anderen, die du jetzt auch mittragen musst. Du hast dir unnötiges Chaos geschaffen."

F: "Manchmal kommt mir das vor wie eine kluge Falle. Ich fühle mich besser, wenn ich helfe, aber das hält nicht lange an. Schnell fühle ich mich schlechter als zuvor."

A: "Wir glauben, dass uns die Anerkennung anderer Menschen zuteil werden würde, wenn wir ihre Last tragen, und dass diese Anerkennung ausreichen würde, um unseren Selbstwert aufzubauen. Das ist nicht der Fall. Selbstwert entsteht nur dann, wenn wir wissen, wer wir sind, und indem wir uns darum kümmern, wer wir sein wollen, unsere Grundbedürfnisse befriedigen und uns nicht selbst belügen. Das ist echter Selbstwert, es ist, sich selbst wie einen sehr guten Freund zu behandeln anstatt wie den schlimmsten Feind."

F: "Das heißt, ich helfe anderen Menschen deshalb so viel, weil ich mich selbst noch nicht genug um mich und mein Leben kümmere."

A: "Genau so ist es. Ein Mensch, der mit sich selbst und seiner Existenz beschäftigt ist, hilft anderen Menschen auch, aber nicht zulasten seiner Selbst. Er tut es, wenn er es kann, wenn er gerade genügend Last seines Lebens abgetragen hat und deshalb dazu in der Lage ist, die Last anderer Menschen ein Stück mitzutragen. Das tut er selbstlos, er erwartet nichts dafür, während er gleichzeitig darauf achtet, seine Last, seine Ordnung nicht aus den AUgen zu verlieren."

F: "Der Mittelweg?"

A: "Ja, der Mittelweg."

"Was hat das Wort ‚nein' mit Panik zu tun?"

A: "Wenn du ‚ja' sagst, obwohl du eigentlich gerne ‚nein' sagen würdest, dann vernachlässigst du jedes Mal deine Grundbedürfnisse."

F: "Das heißt, ich handle nicht so, wie mein Organismus es eigentlich möchte, wenn ich ‚ja' sage, obwohl ich ‚nein' meine?"

A: "Exakt. Eigentlich steht dir gerade mehr der Sinn danach, dich um deinen Selbstwert zu kümmern, deine Freiheit, deine Beziehungen, oder danach, etwas zu tun, was sich angenehm anfühlt, oder zumindest das zu vermeiden, was sich unangenehm anfühlt. Du handelst gegen deine Ordnung …"

F: "… und dadurch erschaffe ich Chaos."

A: "Genug Chaos, um deine Ordnung aus dem Gleichgewicht zu bringen. Irgendwann verfängst du dich so sehr in dem Chaos, dass du deine Grundbedürfnisse völlig vergisst. Du befriedigst nur noch die Grundbedürfnisse anderer Menschen, denn wenn du deine Grenzen nicht kennst, werden andere deine Energie verwenden, deinen Raum komplett einnehmen."

F: "So ist es auch mit der Panik: Wenn ich zulasse, dass sie Raum in meinem Leben einnimmt, dann kontrolliert sie mein Leben. Das scheint bei Menschen genauso zu sein."

A: "Alles, was du nicht in seine Schranken weist, wird dich einnehmen. Egal, ob es Menschen sind, die dich unterdrücken, deine Panik, die dich auf etwas hinweisen möchte, deine Wut, die dich auf etwas in dir aufmerksam machen möchte, oder Menschen, die dich um etwas bitten und dabei ihre eigenen Grenzen nicht kennen. Du entscheidest, wie viel Raum du den Dingen gibst. Du entscheidest, ob du die Hände eher ausstreckst, um jede Hand zu greifen, oder auch mal etwas ablehnst."

F: "Woher weiß ich, wann ich besser etwas ablehnen sollte?" "

A: "Dein Organismus kennt die Antwort. Frage ihn einfach. Wenn dich jemand um etwas bittet und du gerade genug Energie hast, sage zu. Es gibt hier keinen Mittelweg. Entweder, du willst etwas unbedingt tun, oder eben nicht. Es gibt kein 'vielleicht', kein ,mal schauen'.

Wenn deine Last gerade zu schwer ist, bürde dir nicht zusätzlich die Last anderer Menschen auf. Wenn du gerade in Chaos versinkst, bilde dir nicht ein, Ordnung zu schaffen, indem du das Leben anderer Menschen aufräumst. Schaue unter dein eigenes Bett, denn dort befinden sich meistens die größten Monster."

"Wieso hilft Dankbarkeit bei Panik?"

A: "Dankbarkeit ist fest in deinen Genen verankert, ebenso wie alles andere, worum es in diesem Buch geht. Es ist kein spirituelles Werkzeug, sondern lediglich etwas, das bereits ein Teil von uns ist und nur geweckt werden muss."

F: "So wie das Bewusstsein und die Grundbedürfnisse. So viele Dinge scheinen bereits ein Teil von mir zu sein. Ich muss sie nicht neu erlernen, sondern lediglich in mir wecken."

A: "Ganz genau. Dankbarkeit baut auf dem Prinzip der Gegenseitigkeit auf, das in der Tierwelt weitverbreitet ist. Tiere tauschen Dinge zum gegenseitigen Vorteil, wodurch das Gehirn Dankbarkeit auslöst – eine Motivation zur Revanche. So kümmern wir uns nicht nur um andere Menschen, sondern sie sich auch um uns. Das ist bei Lebewesen, die auf die Gruppe angewiesen sind, extrem wichtig und hat einen Evolutionsvorteil. Wenn einer unserer Vorfahren einem anderen gezeigt hat, wo er reichlich Nahrung findet, empfand dieser Dankbarkeit und erschuf eine Bindung zu dem anderen."

F: "Wenn mir jemand bei etwas hilft, bin ich ihm sehr dankbar und fühle mich dann auch besser."

A: "Jede Emotion hat eine unterschiedliche Stärke. Dankbarkeit ist so stark, dass sie andere Emotionen vollständig auflöst. Sie aktiviert das Belohnungszentrum, denn dein Gehirn glaubt, der andere hätte gerade zu deinem Überleben beigetragen."

F: "Auf der einen Seite steht ein ‚zu viel' an Hilfe, auf der anderen Seite ein ‚zu wenig' an Dankbarkeit. Ich denke, die perfekte Mischung liegt wieder in der Mitte."

A: "Ja. Der Unterschied ist allerdings, dass, wenn Hilfe etwas erwartet, es keine echte Hilfe ist. Echte Hilfe erwartet nichts von dem anderen. Keine Anerkennung, keinen Dank, und schon gar nicht Wohlbefinden nur der Dankbarkeit wegen. Du hilfst jemandem einfach, weil du gerade genügend Energie dafür hast, du hilfst jemandem, weil du ihm etwas Gutes tun möchtest, und nicht dir selbst. Dankbarkeit schätzt zudem, was du bereits getragen hast, anstatt direkt wieder die nächste Last zu tragen. Du wirst fürsorglicher mit dir selbst, du behandelst dich und deine Leistungen mit einer echten Anerkennung, denn wenn du für etwas dankbar bist, was du hast, siehst du auch all die Herausforderungen, die du auf dich genommen hast, um zu der Person zu werden, die du jetzt bist."

Das, was du tust, um dich ein Stück besser zu fühlen, ist nicht selbstverständlich. Es ist nicht selbstverständlich, dass du dich um deine Grundbedürfnisse kümmerst. Es ist nicht selbstverständlich, dass du dich nicht selbst anlügst. Es ist nicht selbstverständlich, dass du dir selbst so viel wert bist, dass du dich von anderen Menschen nicht unterdrücken lässt. Die Resultate, die durch diese Handlungen entstehen, sind somit auch nicht selbstverständlich. Sie sind durch dich entstanden, und darauf kannst du stolz sein.

Doch wie lässt Dankbarkeit sich konkret umsetzen, wenn wir sie nicht als selbstverständlich sehen?

Dankbarkeit bedeutet, dass du den Fokus auf die Dinge legst, die du hast. Das Gehirn hat diesen Fokus entweder automatisch, oder du musst den Fokus bewusst darauf richten. Notiere etwa dreimal die Woche die Dinge, für die du dankbar bist, indem du deinen Fokus auf etwas richtest. Das können Kleinigkeiten wie die gemütliche Couch sein, auf der du sitzt, oder das Kompliment, das dir jemand gemacht hat. Richte deinen Fokus bewusst auf etwas, nimm Raum ein für das, wofür du dankbar bist, anstatt den unbewussten Fokus auf das Negative und auf deine Probleme zu richten.

Sie sind weiterhin da, doch sie müssen keinen unnötigen Raum in deinem Leben einnehmen. Du wirst dich um sie kümmern, wenn der Zeitpunkt gekommen ist, oder eben nicht.

Setze dich nicht zu sehr unter Druck. Sieh das Leben als ein Spiel an, und Dankbarkeit als eine der vielen hilfreichen Karten, um das manchmal schwierige Spiel des Lebens zu meistern.

"Was sind Grundbedürfnisse? Wieso sind sie wichtig?"

A: "Dir ist vermutlich bereits aufgefallen, dass wir das Thema Panik selten direkt anschneiden. Panik ist das Signal, das dich auf etwas hinweisen möchte. Oftmals ist es das Resultat der Missachtung deiner Grundbedürfnisse. Du wirst mit der Zeit lernen, besser auf deine Grundbedürfnisse zu hören, damit sie irgendwann zu einem natürlichen Verhalten werden."

F: "So, wie wenn ich Lust auf einen Apfel habe und mir einen Apfel hole."

A: "Genau. Im Alltag lässt sich das manchmal besser, manchmal schlechter umsetzen. Ein gutes Hilfsmittel, das ich entwickelt habe, ist das sogenannte ‚Needometer'. 'Need' steht für ‚Bedürfnisse'. Das Needometer ist also eine Anzeige, die dir einen Hinweis darauf gibt, ob du deine Bedürfnisse gerade befriedigst oder missachtest. Du findest es hier. Du siehst, dass jedes Bedürfnis immer zu mindestens 15% ausgefüllt sein sollte. Diesen Anteil benötigen die meisten Menschen (obwohl es sich natürlich nur schwer verallgemeinern lässt). Male das Needometer mindestens einmal täglich aus. So erkennst du, was du gerade brauchst und was du vielleicht zu sehr ignoriert hast. Denke daran:

Deine Grundbedürfnisse immer wieder zu befriedigen, ist dein natürlicher Zustand, keine Hexerei. Es ist wie die Akzeptanz deiner Panik, wie anderen Menschen und dir die Wahrheit zu sagen, wie auf deine Emotionen zu hören und dein Verhalten dementsprechend anzupassen. All das ist Arbeiten mit deinem Organismus, mit deiner Natur. Nicht dagegen. Es fühlt sich nur deshalb ungewohnt an, weil es eine neue Verhaltensweise ist, und nicht, weil es falsch ist."

F: "Aber ändern sich meine Bedürfnisse nicht ständig?"

A: "Ja, andauernd. Manche minütlich, andere jährlich. Manchmal brauchst du mehr Bindung, manchmal mehr Selbstwert. Wird ein Bedürfnis befriedigt, spürst du es, gleichzeitig verspürst du aber vielleicht das Verlangen, ein anderes zu befriedigen. Gehe mit deinen Bedürfnissen, anstatt gegen sie zu arbeiten."

Die einzelnen Grundbedürfnisse noch einmal
erläutert:

1. Selbstwert: Du arbeitest an etwas, du tust
    etwas, du sagst etwas, was dir vermittelt, dass
    du es dir wert bist, das zu tun. Das kann
    beispielsweise deine Arbeit sein, Sport,
    Körperpflege oder ein Hobby.

2. Autonomie: Du tust etwas, was dir vermittelt,
    dass du selbstständig und frei in deinen
    Handlungen und deiner Existenz bist.
    Bevormundungen und Unterdrückungen durch
    andere Menschen nehmen dir Freiheit.
    Manche Dinge, die das Bedürfnis nach
    Selbstwert befriedigen, geben dir auch das
    Gefühl von Freiheit.

3. Bindung: Du tust etwas, was dir vermittelt,
    dass du dich gerade in einer angenehmen
    Bindung zu einem Menschen befindest. Nähe,
    Sex, Zärtlichkeit und Fürsorge gehören dazu.

4. Unlustvermeidung/Lustgewinn: Du tust etwas, was sich angenehm anfühlt, und vermeidest etwas, das sich unangenehm anfühlt. Das kann manchmal nicht leicht zu identifizieren sein. Beachte deshalb, dass eines der beiden nur dann zutrifft, wenn es nicht im Gegensatz zu deinen anderen Bedürfnissen steht. Sport zu treiben oder deiner Arbeit nachzugehen, die dich erfüllt, mag sich manchmal unangenehm anfühlen. Da das Bedürfnis nach Selbstwert allerdings erfüllt ist, ist es richtig.

"Wie wichtig ist die richtige Ernährung bei Panik?"

A: "Sehr wichtig. Du erinnerst dich daran, dass Stress, Panik und alles, was Chaos verursacht, Entzündungen im Körper hervorrufen?"

F: "Ja. Je mehr Entzündungen, desto schlechter fühlen wir uns."

A: "Genau. Auch Ernährung löst Entzündungen aus. Zucker und Gluten sind beispielsweise starke Toxine. Dein Körper muss sie bekämpfen, obwohl er ja eigentlich bereits mit vielen anderen Dingen beschäftigt ist. Zudem geben wir ihm immer wieder etwas zum Verarbeiten, obwohl unsere Vorfahren manchmal stundenlang nichts gegessen haben. Kennst du das Prinzip des ‚intermittierenden Fastens'?"

F: "Davon habe ich schon mal gehört. Man isst nur über einen kurzen Zeitrahmen verteilt, und während der restlichen Zeit fastet man."

A: "Genau. Am einfachsten ist es, das Fasten in seinen Alltag zu integrieren. Dieses Konzept lässt sich ein Leben lang durchführen. Auch hier arbeiten wir mit dem, was für unseren Organismus natürlich ist, wir müssen es nur wieder erlernen. Viele fasten von 20 Uhr abends bis 12 Uhr mittags. Sie überspringen ihr Frühstück, das sie durch aufgeschäumten Kaffee mit Kokosöl ersetzen. Das hält lange satt, hält den Blutzucker auf einem gesunden Niveau und hilft dabei, Entzündungen im Körper besser zu regulieren."

F: "Also ein bisschen Ordnung in dem chaotischen Dschungel der Ernährung."

A: "Ganz genau. Was man isst, liegt natürlich an den eigenen Vorlieben. Ich würde aber grundsätzlich Lebensmittel vermeiden, die es vor 100 Jahren noch nicht gab. Unser Organismus ist damit mindestens genauso überfordert wie mit all den negativen Dingen, die wir unserer Psyche zumuten."

Zum Thema Ernährung wurden bereits Tausende Ratgeber geschrieben. Ich halte mich grundsätzlich daran, dass unser Körper uns dafür belohnt, wenn wir ihm das geben, was er kennt. Ebenso wie er dich dafür belohnt, wenn du deine Grundbedürfnisse befriedigst, dankbar bist, die Wahrheit sagst und Grenzen ziehst, wenn du unterdrückt wirst, wird er dich auch für die richtige Ernährung belohnen.

Du bist zwar ein freies Lebewesen an der Spitze der Nahrungskette, aber gegen deine urzeitlichen Prägungen und Gene kannst du nicht ankämpfen. Du bist ihnen unterlegen, sie werden dein Leben immer in eine bestimmte Richtung ziehen wollen. Ein Löwe stellt auch nicht infrage, warum er 90% des Tages schläft und die restliche Zeit Tiere reißt oder mit seinen Kollegen schmust. Er tut es einfach. Halte deinen Kopf aus dem Spiel des Lebens raus und beginne, mehr darauf zu vertrauen, was sich richtig anfühlt, anstatt dem zu folgen, was Wissenschaft und andere Menschen für richtig halten.

Dein Richtig kann das Falsch anderer Menschen sein, und umgekehrt. Wenn du aber dem folgst, was dein Organismus verlangt, liegst du zumindest weniger falsch als gestern. Ein guter Richtwert.

"Bin ich ein Gefangener meiner Panik?"

A: "Nein. Du bist entweder erfolgreich darin, deiner persönlichen Natur und der übergeordneten Natur des Menschen zu folgen, oder nicht. Wenn du gegen beides arbeitest, entsteht Panik."

F: "Das klingt so, als ob alles einfach nur Neuronen und Kognition wären."

A: "Alles ist Kognition. Deine Panik ist Kognition. Deine Grundbedürfnisse sind Kognition. Deine Wut ist Kognition. Deine Lügen sind Kognition. Deine Gedanken über dich selbst sind Kognition. Deine Gedanken darüber, was andere Menschen über dich denken könnten, sind Kognition. Dich um etwas zu kümmern, das Leben zu tragen, ist Kognition. Dein Bedürfnis, etwas zu essen, ist Kognition. Dein Einverständnis, dich unterdrücken zu lassen, ist Kognition. Wenn du erkennst, dass dein Leben lediglich aus Kognition besteht, nimmst du ihm den Schrecken und das Chaos, das es dir manchmal ungefragt überwirft."

F: "Manchmal erscheinen die Dinge so … wichtig. Manchmal kommt es mir so vor, als ob meine Probleme die schlimmsten Probleme der Welt, ja gar des Universums wären. Dabei sind sie in Wahrheit nur Neuronen, kleiner als alles, was ich sehen kann."

A: "Nur der menschliche Verstand ist dazu in der Lage, Probleme zu etwas aufzubauschen, das größer wirkt als das Universum, obwohl es eigentlich kleiner ist als ein Atom. Das, was du deine Probleme nennst, sind nicht deine Probleme. Sie sind ein Hinweis."

F: "Schon wieder Hinweise?"

A: "Der ganze Müll, den dir das Leben und dein Verstand vor die Füße werfen, besteht aus Hinweisen. Probleme sind Hinweise darauf, dass du deinen Fokus verloren und ihnen zu viel Raum gegeben hast. Es ist wie mit der Panik, dem Chaos, den Tyrannen, deinen Lügen, deinem Stress, deiner Wut: zu viel Raum, zu viel Fokussierung auf das Problem, zu wenig Fokussierung auf die Lösung. Du hast das aus den Augen verloren, was du tun musst, um das Problem zu tragen, und erträgst es stattdessen nur. Anstatt das Problem zu kauen wie einen Kaugummi, könntest du es verändern, die Situation verlassen oder deine missliche Lage akzeptieren. Manchmal gibt es einfach keine Lösung."

F: "Zum Beispiel?"

A: "Alles, was du nicht kontrollieren kannst, liegt außerhalb deines Handlungsrahmens. Es gibt keine Lösung. Akzeptiere es, denn ansonsten nimmt dich der Raum der Verzweiflung ein. Du bist kein Gefangener deiner Panik. Du bist ein Gefangener all der Dinge, die du vermeidest, obwohl du sie eigentlich tun solltest."

Gib den Dingen Raum, die deinen Raum
einfordern. Bringe in Ordnung, was du in Ordnung
bringen musst. Tue, was du tun musst. Vergebe,
wem du vergeben musst. Achte auf dich, sei gut
zu dir selbst. Du bist es dir schuldig. Wir sind es
uns alle schuldig. Du hast etwas zu geben. Du
hast eine Aufgabe. Jemand braucht dich. Du
brauchst dich.

Etwas will von dir begonnen werden. Etwas will
gesehen werden. Du hast etwas zu sagen. Du
hast etwas zu zeigen. Deine Suche nach deinem
Potenzial endet dann, wenn du dich um das
kümmerst, was dir und der Sache vermittelt, dass
es etwas wert ist. Nur dann wird die
Vergangenheit zu einer Notwendigkeit, zu einem
Hocker, auf den du treten musst, um deinen
höheren Sinn zu erschaffen. Nur dann kann aus
dem Felsbrocken, den du vor dir herschiebst, eine
erträgliche Last werden.

Wenn du dich nicht als Gefangenen, sondern als Handelnden siehst, implizierst du, dass du die Wahl hast. Dein Leben entsteht durch dich, deine Existenz wird zu einem ausfüllbaren Raum, in dem etwas geschaffen wird, in dem sich Leben entfaltet, durch das, was du tust, weil du glaubst, es tun zu müssen, und durch das, was du vermeidest, weil es anderen Menschen und dir selbst Schaden zufügt, weil es einen Riss in deinem Felsbrocken hinterlässt, weil es deine Last aufbaut, weil es dein unumkehrbares Schicksal, die Last, die du für immer tragen musst, nur noch unerträglicher, noch schwerer, noch erbärmlicher macht.

Wenn du ein Handelnder bist, bist du frei.

Wenn du frei bist, lebst du.

Wenn du lebst, schaffst du Ordnung.

Wenn du Ordnung schaffst, bewältigst du Chaos.

Wenn du Chaos bewältigst, bist du das, was du werden könntest, anstatt das zu werden, was du niemals sein wolltest.

Schlusswort

Panikattacken sind mehr als nur Angst, das würde ihnen nicht gerecht werden. Panikattacken sind ein Hinweis. Ein Hinweis darauf, wer du sein könntest, wenn du aufhören würdest zu vermeiden, was du gerne tun würdest. Ein Hinweis darauf, was du sagen solltest, aber stattdessen für dich behältst. Ein Hinweis darauf, dass du dich mehr um etwas Bestimmtes kümmern solltest, um die Last deines Lebens tragen zu können. Ein Hinweis darauf, mehr Wahrnehmung in dein Leben einzubauen anstatt lediglich blinde Reaktion. Ein Hinweis darauf, wer du wirklich bist, wen du aber ablehnst und versteckst. Ein Hinweis darauf, was deine Wut tatsächlich sagen möchte. Ein Hinweis darauf, welche Bedürfnisse du nicht befriedigst. Ein Hinweis darauf, dass du deine angeborene Fähigkeit zur Wahrnehmung nicht ausreichend nutzt.

Panikattacken sind ein Hinweis dafür, dass du deine wahre Natur ignorierst, dich verbiegst, verurteilst, schlecht behandelst. Sie weisen darauf hin, dass deine Bedürfnisse nur von dir befriedigt, deine Existenz nur von dir getragen, deine Wünsche nur von dir erfüllt werden können.

Panik ist das Seil, das deinen Fokus von etwas weglenkt und auf das richtet, was richtig ist, was sich richtig anfühlt, was deiner Wahrheit entspricht; weg von den Erwartungen, Träumen, Forderungen und Bitten anderer Menschen, hin zu einem selbstfürsorglichen, empathischen und liebevollen Leben. Zuerst dir selbst und dann anderen Menschen gegenüber.

Weitere Ressourcen

Meine **Homepage** findest du hier:

mariusgrosshans.net

Meine weiteren **Bücher** findest du hier:

mariusgrosshans.net/pages/buecher

Auf **Instagram** findest du mich hier:

mariusgrosshans

Auf **Facebook** findest du mich hier:

mariusgrosshanspsy

Auf **Twitter** findest du mich <u>hier</u>:

m_grosshans

Impressum

© Marius Großhans, 2020

FourNobleTruths OÜ

Harju maakond, Kesklinna linnaosa

Sakala tn 7-2

10141 Tallinn

2. Auflage

www.ingramcontent.com/pod-product-compliance
Lightning Source LLC
Chambersburg PA
CBHW031227250726
48655CB00005B/1830